Ética

Simon Blackburn

Ética

Uma brevíssima introdução

Tradução
Renato Prelorentzou

Fundação Editora da Unesp (FEU)
Praça da Sé, 108
01001-900 – São Paulo – SP
Tel.: (0xx11) 3242-7171
Fax: (0xx11) 3242-7172
www.editoraunesp.com.br
www.livrariaunesp.com.br
atendimento.editora@unesp.br

Dados Internacionais de Catalogação na Publicação (CIP) de acordo com ISBD
Elaborado por Vagner Rodolfo da Silva – CRB-8/9410

B628e

Blackburn, Simon
Ética: uma brevíssima introdução / Simon Blackburn; traduzido por Renato Prelorentzou. – São Paulo: Editora Unesp, 2020.

Tradução de: *Ethics: a very short introduction*
Inclui bibliografia.
ISBN: 978-65-5711-011-9

1. Ética. I. Prelorentzou, Renato. II. Título.

2020-2671 CDD: 170
CDU: 17

Editora afiliada:

Asociación de Editoriales Universitarias de América Latina y el Caribe

Associação Brasileira de Editoras Universitárias

Sumário

Prefácio

Esta brevíssima introdução é mais curta que *Pense*,[1] meu outro livro introdutório, diante do qual este se apresenta como um irmão mais novo. *Pense* nasceu da convicção de que a maioria das introduções à filosofia era desnecessariamente árida e desagradável; o presente volume nasceu de uma convicção paralela: a de que a maioria das introduções à ética não conseguia confrontar o que realmente perturba as pessoas nesse tema. O que as perturba, acredito eu, são nossos muitos motivos para temer que os enunciados éticos sejam uma espécie de farsa. Esse temor recebe alcunhas como relativismo, ceticismo e niilismo. Tentei tecer este livro em torno da exploração desses termos. Mas, no final, caberá a cada leitor decidir se eles foram enterrados de vez ou se, caso venham a ressurgir, feito Drácula, foram pelo menos desdentados.

Quem me convidou a escrever este livro foi a editora da série, Shelley Cox, cuja confiança e incentivo foram minhas

---

1 Edição portuguesa: *Pense – Uma introdução à filosofia*. Lisboa: Gradiva, 2001.

fontes de energia. A redação final se deu na Escola de Pesquisa em Ciências Sociais da Universidade Nacional da Austrália, talvez o lugar mais agradável do mundo para embarcar em um projeto desse tipo. Devo agradecer a Michael Smith pela hospitalidade da Escola. A Universidade da Carolina do Norte, *campus* de Chapel Hill, sempre me deu um maravilhoso apoio à pesquisa e um público crítico igualmente maravilhoso de colegas e estudantes de pós-graduação. Entre eles, devo agradecimentos a Adrienne Martin, que leu as provas do livro. Como sempre, minha principal dívida é com minha esposa, Angela, cujas habilidades editoriais e tipográficas geralmente não estão a serviço de um autor que vive sob o mesmo teto, então precisaram se fazer acompanhar por sua paciência e alegria igualmente notáveis.

SWB

24 de novembro de 2000

Lista de ilustrações

Introdução

Todos aprendemos a nos tornar sensíveis ao ambiente físico. Sabemos que dependemos dele, que ele é frágil e que temos o poder de arruiná-lo, arruinando assim nossa própria vida – ou, mais provavelmente, a de nossos descendentes. Mas talvez nem todos sejamos sensíveis àquilo que podemos chamar de ambiente moral ou ético. Trata-se do clima circundante de ideias sobre como viver. Esse clima determina o que consideramos aceitável ou inaceitável, admirável ou desprezível. Determina nossa concepção de quando as coisas estão indo bem e quando estão indo mal. Determina nossa concepção do que devemos e do que nos devem quando nos relacionamos com as outras pessoas. Molda nossas reações emocionais, definindo o que é causa de orgulho ou vergonha, de raiva ou gratidão, o que pode ou não pode ser perdoado. E nos dá nossos padrões – nossos padrões de comportamento. Aos olhos de alguns pensadores, o mais famoso dos quais talvez seja G. W. F. Hegel (1770-1831), esse clima molda nossas próprias identidades. Nossa consciência de nós mesmos é, em grande medida, ou mesmo essencialmente, a consciência de como nos colocamos diante das outras pessoas. Precisamos de histórias sobre nosso próprio valor aos olhos uns dos outros, aos olhos do mundo. É claro que as tentativas de aumentar esse valor podem ser exageradas, como mostra Paul Klee (Figura 1).

1. Paul Klee, *Zwei Männer, einander in höherer Stellung vermutend, begegnen sich* ["Reunião de dois homens, cada um acreditando que o outro está em uma posição mais elevada"]. Um comentário sobre a subserviência que muitas vezes está relacionada com a vontade de respeito.

As engrenagens do ambiente ético podem ser estranhamente invisíveis. Certa vez, tentei defender a prática da filosofia em um programa de rádio no qual um dos outros convidados era um sobrevivente dos campos de concentração nazistas. Ele me perguntou, de maneira bastante agressiva: de que teria valido a filosofia durante a marcha da morte? A resposta era não muito, claro – não mais do que a literatura, a arte, a música, a matemática ou mesmo a ciência poderiam valer nessas circunstâncias. Mas pense no ambiente ético que tornou esses eventos possíveis. Hitler disse: "Que sorte a dos governantes que os homens não consigam pensar". Mas, ao dizê-lo, soou como se também ele estivesse cego ao clima ético que permitiu que suas próprias ideias – e, portanto, seu poder – prosperassem. Esse clima abrangia imagens da pureza primordial de uma raça e um povo em particular. Era permeado pelo temor ante a natureza frágil dessa pureza. Assim como os Estados Unidos na era McCarthy do pós-guerra, temia-se a conspurcação pelos "degenerados" de dentro ou de fora. O clima também trazia visões do destino nacional e racial. Propagava ideias de transformação apocalíptica por meio da solidariedade nacional e da dedicação militar a uma causa. E acolhia a ideia de um líder cuja visão divina era infalível e inquestionável. Essas ideias, por sua vez, tinham raízes em aplicações equivocadas do darwinismo, do romantismo alemão e, sob alguns aspectos, até mesmo do judaísmo e do cristianismo. Em suma, Hitler só conseguiu chegar ao poder porque as pessoas pensavam, sim – mas o pensamento delas estava envenenado por um certo clima circundante de ideias, muitas das quais nem eram conscientes. Porque nem sempre estamos cientes de nossas ideias. Uma ideia, nesse sentido, é uma tendência a aceitar rotas de pensamento e sentimento que talvez não reconheçamos em nós mesmos nem consigamos articular. No entanto, essas disposições regem o mundo social e político.

Conta-se que, certa vez, um físico visitou seu colega Niels Bohr e expressou surpresa ao se deparar com uma ferradura de boa sorte pendurada na parede: "O senhor certamente não é supersticioso, é?". "Oh, não, não, mas me disseram que as ferraduras funcionam, acreditemos ou não." As ferraduras não funcionam, mas o clima ético, sim.

O clima *ético* é diferente do clima *moralista*. De fato, uma das marcas de um clima ético pode ser a hostilidade à moralização, que está meio fora de lugar ou em má forma. Pensar nisso já será, por si só, algo que afeta a maneira como vivemos nossas vidas. Assim, por exemplo, uma peculiaridade do nosso clima atual é que nos preocupamos muito mais com nossos direitos do que com nosso "bem". Para antigos pensadores da ética, como aqueles que escreveram os Upanishads, ou Confúcio, ou Platão, ou os fundadores da tradição cristã, a preocupação central era o estado da alma de alguém, ou seja, um estado pessoal de justiça ou harmonia. Esse estado pode conter resignação, renúncia, desapego, obediência ou conhecimento, especialmente autoconhecimento. Para Platão, não poderia haver ordem política justa que não fosse habitada por cidadãos justos (embora isso também abra espaço para que a harmonia interna ou a "justeza" dos cidadãos exija uma ordem política justa – não há nada de círculo vicioso nessa interação).

Hoje tendemos a não acreditar nisso; tendemos a pensar que as democracias constitucionais modernas são boas, independentemente dos vícios privados daqueles que as compõem. Ficamos muito mais nervosos falando sobre o nosso bem, o que parece moralista, antidemocrático ou elitista. Da mesma forma, ficamos nervosos falando sobre dever. O ideal vitoriano de uma vida dedicada ao dever, ou a um chamado, está substancialmente perdido para nós. Assim, uma proporção maior de nossa energia moral se destina a proteger reivindicações de uns contra os outros, e isso inclui proteger o estado de nossa alma como algo puramente privado, um problema puramente nosso. Neste livro veremos algumas das manifestações desse aspecto de nosso clima.

Os seres humanos são animais éticos. Não quero dizer que é natural que nos comportemos particularmente bem, nem que estamos sempre dizendo uns aos outros o que fazer. Mas categorizamos e avaliamos, comparamos e admiramos, escolhemos e justificamos. Nós não apenas "preferimos" isto ou aquilo, isoladamente. Preferimos que nossas preferências sejam compartilhadas; nós as transformamos em exigências uns para os outros. Os eventos ajustam incessantemente nosso senso de responsabilidade, nossa culpa e vergonha, nosso senso de nosso próprio valor e do valor dos outros. Buscamos vidas cuja história nos faça parecer admiráveis; queremos que nossas fraquezas sejam ocultas e negáveis. O teatro, a literatura e a poesia elaboram ideias sobre padrões de comportamento e suas consequências. Isso surge em toda grande arte. Mas também se revela inconfundivelmente em nosso implacável apetite por fofocas, confissões e novelas na televisão. Será que Arlene deveria dizer a Charlene que Rod sabe que Tod beijou Darlene, embora ninguém tenha contado a Marlene? Ela deveria contar por lealdade a Charlene? Ou isso seria uma traição a Darlene? Não perca o próximo capítulo!

A reflexão sobre o clima ético não é privilégio particular de alguns teóricos acadêmicos nas universidades. Afinal, o comediante e o cartunista, assim como o artista e o escritor, comentam e criticam o clima predominante de maneira tão eficaz quanto aqueles que são conhecidos como filósofos. O impacto de um romancista engajado, como Harriet Beecher Stowe, Dickens, Zola ou Solzhenitsyn, pode ser muito maior que o do teórico acadêmico. Uma única fotografia pode ter feito mais para deter a Guerra do Vietnã que todos os escritos dos filósofos morais da época juntos (veja a Figura 2).

2. Huynh Cong ("Nick") Ut, *Accidental Napalm Attack, South Vietnam, 8 June 1972* [Ataque acidental de napalm, Vietnã do Sul, 8 de junho de 1972].

A filosofia certamente não é a única a se envolver com o clima ético. Mas suas reflexões contêm uma ambição distinta. Trata-se da ambição de compreender as fontes de motivação, razão e sentimento que nos movem. É a ambição de compreender as redes de regras ou "normas" que sustentam nossas vidas. Muitas vezes, é a ambição de encontrar um sistema na aparente confusão de princípios e objetivos que respeitamos ou dizemos respeitar. É uma iniciativa de autoconhecimento. Os filósofos, claro, não escapam do clima, mesmo enquanto refletem sobre ele. Qualquer história sobre a natureza humana escrita no clima contemporâneo é resultado da natureza humana e do clima contemporâneo. Mas, mesmo assim, essas histórias podem ser melhores ou piores.

Admirar a iniciativa, almejá-la e até tolerá-la são, por si mesmas, posturas morais. Podem florescer ou murchar em momentos diferentes, dependendo de quanto gostamos do que vemos no espelho. Rejeitar a iniciativa é bastante natural, especialmente quando as coisas estão confortáveis. Todos tendemos à complacência com nossas próprias maneiras, como o aristocrata inglês no Grand Tour: "Os italianos chamam de *coltello*. Os franceses, de *couteau*. Os alemães, de *Messer*. Mas os ingleses chamam de *knife* [faca] e, no fim das contas, é o que é".

Não gostamos que nos digam o que fazer. Queremos aproveitar a vida e queremos aproveitá-la com uma boa consciência. As pessoas que perturbam esse equilíbrio são desconfortáveis; os moralistas, portanto, costumam ser convidados indesejados no banquete, e temos várias defesas contra eles. Analogamente, alguns indivíduos podem se isolar de um ambiente físico ruim, pelo menos por um tempo. E podem lucrar com isso. O industrial pode viver protegido do vento que sopra de sua fábrica de produtos químicos, e o madeireiro pode saber que as árvores só acabarão depois que ele estiver morto. De forma similar, os indivíduos podem se isolar de um ambiente moral pobre ou lucrar com ele. Assim como algumas árvores florescem privando as outras de luz ou nutrientes, também algumas pessoas florescem privando as outras do que lhes cabe. O homem branco ocidental pode prosperar por causa do *status* social ou econômico inferior das pessoas que não são ocidentais, brancas ou homens. Enquanto formos assim, não vamos querer desvelar as coisas.

A ética é perturbadora. Muitas vezes nos sentimos um pouco desconfortáveis quando pensamos em coisas como a exploração dos recursos naturais ou a maneira como nossos confortos são proporcionados pelas miseráveis condições de trabalho do Terceiro Mundo. Às vezes, quando essas coisas vêm à tona, ficamos com raiva, na defensiva. Mas, para se enraizarem em uma cultura, em vez de pertencerem apenas a algum ladino ocasional, as atitudes exploradoras precisam de uma história. Portanto, um clima ético pode permitir que se fale em "mercado" como justificativa para os *nossos* preços altos, ou que se fale no "egoísmo" deles e nos "nossos direitos" como justificativa para nossa raiva diante dos preços altos *deles*. Racistas e sexistas, assim como os donos de escravos antes da Guerra Civil americana, sempre precisam contar uma história que justifique seu sistema. O clima ético sustentará a convicção de que *nós* somos civilizados, e *eles* não. Ou de que *nós* merecemos melhor sorte do que *eles*. Ou de que *nós* somos inteligentes, sensíveis, racionais, progressistas, científicos, competentes, abençoados ou os únicos a quem se podem confiar direitos e liberdades, enquanto *eles* não são nada disso. Uma ética que deu errado é pré-requisito essencial para o trabalho desumano, o campo de concentração, a marcha da morte.

Por isso, começo este livro com um olhar sobre as respostas que às vezes damos quando a ética se intromete em nossas vidas. São respostas que, de diferentes maneiras, constituem ameaças à ética. Depois disso, na Segunda Parte, examinamos alguns dos problemas que a vida nos causa, particularmente o conflito entre princípios de justiça e direitos e noções menos medonhas, como felicidade e liberdade. Por fim, na Terceira Parte, analisamos a questão dos fundamentos: a justificativa suprema para a ética e sua conexão com o conhecimento e o progresso humano.

I
Sete ameaças à ética

Esta seção examina as ideias que nos desestabilizam quando pensamos nos padrões de escolha e conduta. De várias maneiras, elas parecem sugerir que a ética é algo impossível. E são importantes porque podem se infiltrar no ambiente moral. Quando o fazem, conseguem mudar o que esperamos uns dos outros e de nós mesmos, geralmente para pior. Sob sua influência, quando olhamos para aquelas palavras grandiosas – justiça, igualdade, liberdade, direitos –, vemos apenas apostas de poder e choques de poder. Ou vemos apenas hipocrisia. Ou apenas nossas próprias opiniões, indignas de serem impingidas aos outros. O cinismo e a autoconsciência nos paralisam. A seguir, vamos pensar em sete dessas ameaças.

1. A morte de Deus

Para muitas pessoas, a ética não apenas está ligada à religião como é completamente estabelecida por ela. Essas pessoas não precisam pensar muito em ética, porque há um código de instruções impositivo, um manual de como viver. É a palavra do

Céu, ou a vontade de um Ser maior do que nós. Conhecemos os padrões de vida por meio da revelação desse Ser. Ou aprendemos a ver diretamente a fonte, ou, mais frequentemente, contamos com o auxílio de um intermediário – um padre, um profeta, um livro ou uma tradição que esteja suficientemente próxima à vontade divina para conseguir comunicá-la a nós. Então sabemos o que fazer. A obediência à vontade divina é louvável e traz recompensas; a desobediência é punida com morte. Na versão cristã, a obediência triunfa sobre a morte, traz a vida eterna. A desobediência significa Inferno perpétuo.

No século XIX, quando a crença religiosa tradicional começou a perder força no Ocidente, muitos pensadores sentiram que a ética estava seguindo pelo mesmo caminho. Aqui não temos o objetivo de avaliar se essa crença deveria ter perdido força. Nossa questão é a sua consequência para nossos padrões de comportamento. Seria verdade que, como disse Dostoiévski, "se Deus está morto, tudo é permitido"? Pode parecer que sim: como pode haver leis se não há legislador?

Antes de pensarmos nisso de maneira mais direta, podemos nos demorar um pouco em algumas das deficiências da instrução religiosa tradicional. Qualquer pessoa que leia a Bíblia pode se incomodar com alguns de seus preceitos. O Deus do Antigo Testamento é parcial e beneficia certas pessoas em detrimento de outras. É, acima de tudo, cioso de sua própria preeminência, uma estranha obsessão moral. Ele parece não ter problemas com uma sociedade escravocrata, acredita que o controle da natalidade é um crime capital (Gênesis 38:9-10), curte um abuso infantil (Provérbios 22:15, 23:13-14, 29:15) e, em boa medida, aprova que se tire vantagem dos tolos (Provérbios 26:3). Circula na internet uma carta supostamente endereçada à "Doutora Laura", uma conselheira sentimental fundamentalista:

> *Cara Doutora Laura,*
>
> *Obrigado por fazer tanto para educar as pessoas na Lei de Deus. Aprendi muito com a doutora e tento compartilhar esse conhecimento com o maior número de pessoas possível. Quando alguém tenta defender o estilo de vida homossexual, por exemplo, eu simplesmente lembro que Levítico 18:22 afirma, com todas as letras, que se trata de uma abominação. Fim de papo. No entanto, preciso de seus conselhos a respeito de algumas leis específicas e da melhor maneira de segui-las.*
>
> *a) Quando eu queimo um touro no altar como sacrifício, sei que ele solta um odor agradável para o Senhor (Levítico 1:9). O problema são os meus vizinhos. Eles reclamam que o odor não é muito agradável para eles. Como devo lidar com isso?*
>
> *b) Eu gostaria de vender minha filha como escrava, como se sugere em Êxodo 21:7. Quanto a doutora acha que seria um preço justo por ela nos dias de hoje?*
>
> *c) Sei que não posso entrar em contato com uma mulher quando ela está no período de impureza menstrual (Levítico 15:19-24). O problema é: como eu vou saber? Tenho tentado perguntar, mas a maioria das mulheres fica ofendida.*
>
> *d) Levítico 25:44 afirma que posso comprar escravos das nações que estão ao nosso redor. Um amigo meu diz que isso se aplica aos mexicanos, mas não aos canadenses. A doutora pode esclarecer?*
>
> *e) Tenho um vizinho que insiste em trabalhar no sábado. Êxodo 35:2 afirma claramente que ele deveria ser morto por isso. Estou moralmente obrigado a matá-lo eu mesmo?*

f) Um amigo meu acha que, embora comer marisco seja uma abominação (Levítico 10:10), trata-se de uma abominação menor que a homossexualidade. Eu discordo. A doutora pode resolver isso?

g) Levítico 21:20 afirma que não posso me aproximar do altar de Deus se tiver um defeito de vista. Tenho de admitir que uso óculos de leitura. Minha visão precisa ser 100% ou temos uma margem de tolerância aqui?

Sei que a doutora estudou essas coisas extensivamente, por isso tenho certeza de que pode me ajudar. Obrigado, mais uma vez, por nos lembrar que a palavra de Deus é eterna e imutável.

As coisas deveriam melhorar no Novo Testamento, com sua admirável ênfase no amor, no perdão e na humildade. No entanto, toda a sua história de "expiação" e "redenção" é moralmente dúbia, pois sugere que se pode fazer justiça sacrificando um inocente pelos pecados dos culpados – a doutrina do bode expiatório. Mesmo a persona de Jesus nos Evangelhos tem seu quinhão de peculiaridades morais. Às vezes, ele é sectário: "Não ireis pelo caminho dos gentios, nem entrareis em cidade de samaritanos. Mas ide antes às ovelhas perdidas da casa de Israel" (Mateus 10:5-6). De maneira semelhante, ele se recusa a ajudar uma mulher não judia de Canaã com uma arrepiante observação racista: "Não é certo tirar o pão dos filhos e jogá-lo aos cães" (Mateus 15:26; Marcos 7:27). Ele quer que sejamos gentis, humildes e amáveis, mas ele próprio não é nada disso: "Serpentes! Raça de víboras! Como escapareis da condenação do inferno?" (Mateus 23:33). O episódio dos porcos gadarenos mostra que ele compartilha da crença popular de que a doença mental é causada pela possessão de demônios.

Também mostra que as vidas dos animais – assim como os direitos de propriedade de outras pessoas sobre os porcos – não têm nenhum valor (Lucas 8:27-33). Os eventos da figueira de Betânia (Marcos 11:12-21) deixariam qualquer ambientalista de cabelo em pé.

Por fim, existem pecados de omissão e pecados de comissão. Então, também podemos nos perguntar por que ele não aparece revogando explicitamente algumas partes do Antigo Testamento. Êxodo 22:18, "Não permitirás que viva uma bruxa", ajudou a queimar dezenas ou centenas de milhares de mulheres na Europa e nas Américas entre 1450 e 1780. Alguém poderia pensar que para esta humanidade tão sofrida seria útil ter uma pessoa supremamente boa, atenciosa e conhecedora que, prevendo tudo isso, revogasse essa injunção.

Em suma, a Bíblia pode ser lida como uma carta branca para atitudes severas para com crianças, deficientes mentais, animais, meio ambiente, divorciados, incrédulos, pessoas com hábitos sexuais diferentes e mulheres idosas. Ela encoraja atitudes duras com relação a nós mesmos, criaturas caídas e infinitamente maculadas pelo pecado. E o ódio por nós mesmos inevitavelmente engendra ódio pelos outros.

O filósofo que armou o ataque mais famoso e sustentado contra o clima moral promovido pelo cristianismo foi Friedrich Nietzsche (1844-1900). Aqui ele está em pleno vigor:

> *No cristianismo, os instintos dos subjugados e dos oprimidos vêm à tona: apenas os mais rebaixados buscam a salvação por meio dele. Aqui o passatempo*

predominante, o remédio favorito para o tédio, é a discussão dos pecados, a autocrítica, a inquisição da consciência; aqui a emoção produzida pelo poder (chamada de "Deus") é insuflada (pela oração); aqui o bem maior é considerado algo inatingível, uma dádiva, uma "graça". Aqui também falta transparência: a ocultação e o recinto escuro são cristãos. Aqui o corpo é desprezado e a higiene é denunciada como algo sensual; a Igreja até se opõe à limpeza (a primeira ordem cristã após a expulsão dos mouros foi fechar os banhos públicos, dos quais havia 270 apenas em Córdoba). Também é cristã uma certa crueldade para consigo e para com os outros; o ódio aos incrédulos; o desejo de perseguir (...). E é cristão todo ódio ao intelecto, ao orgulho, à coragem, à liberdade, à libertinagem intelectual; é cristão todo ódio aos sentidos, à alegria dos sentidos, à alegria em geral.

Obviamente, houve – e haverá – apologistas que querem defender ou explicar os elementos embaraçosos. De maneira similar, os apologistas do hinduísmo defendem ou explicam sua ligação com o sistema de castas, e os apologistas do islã defendem ou explicam seu código penal severo ou sua atitude em relação às mulheres e aos infiéis. O interessante, no entanto, é que, quando ponderamos essas tentativas, estamos no meio do processo de avaliar os padrões morais. Somos capazes de nos afastar de qualquer texto, por mais intricado que seja, o suficiente para perguntar se ele representa uma moral admirável e aceitável, ou se devemos aceitar algumas partes e rejeitar outras. Então surge novamente a questão: de onde vêm esses padrões, se eles têm autoridade para julgar até nossas melhores tradições religiosas?

O desafio clássico à ideia de que a ética pode ter um fundamento religioso é fornecido por Platão (por volta de 429-347 a.C.), no diálogo conhecido como *Eutífron*. Nele, Sócrates, que está para ser julgado por impiedade, encontra Eutífron, que se propõe a saber exatamente o que é piedade ou justiça. De fato, sua convicção é tamanha que está prestes a processar seu próprio pai por causar uma morte.

Eutífron: *Sim, eu diria que o piedoso é o que todos os deuses amam, e o oposto, o ímpio, é o que todos eles odeiam.*
Sócrates: *Devemos examinar a verdade disso, Eutífron, ou simplesmente aceitar a mera afirmação sobre nossa própria autoridade e a dos outros? O que me diz?*
Eutífron: *Examinemos; e creio que a afirmação resistirá ao exame.*
Sócrates: *Em breve saberemos, meu bom amigo. O que gostaria de entender primeiro é se o piedoso é amado pelos deuses porque é piedoso, ou se é piedoso porque é amado pelos deuses.*

Depois de colocar essa questão, Sócrates não tem problemas em tomar partido:

Sócrates: *E o que me diz do piedoso, Eutífron: não é piedoso, segundo sua definição, aquele que é amado por todos os deuses?*
Eutífron: *Sim.*
Sócrates: *Porque é piedoso, ou por alguma outra razão?*
Eutífron: *Não, por essa razão.*
Sócrates: *É amado por ser piedoso, não piedoso por ser amado?*
Eutífron: *Sim.*
Sócrates: *E aquilo que é caro aos deuses é amado por eles e está em posição de ser amado por eles porque é amado por eles?*
Eutífron: *Certamente.*
Sócrates: *Então, aquilo que é caro aos deuses, Eutífron, não é piedoso, nem o piedoso é caro aos deuses, como afirmas, pois são duas coisas diferentes.*

Eutífron: O que quer dizer, Sócrates?

Sócrates: Quero dizer que concordamos que o piedoso é amado pelos deuses por ser piedoso, e não que é piedoso pelo fato de ser amado.

O ponto é que Deus, ou os deuses, não deve ser considerado *arbitrário*. Deve-se considerar que eles selecionam as coisas *certas* para permitir e proibir. Eles precisam se apegar àquilo que é sagrado ou justo, exatamente como nós. Não é óbvio que eles façam isso simplesmente porque são poderosos, ou porque criaram tudo, ou porque distribuem castigos horrendos e recompensas deliciosas. Isso não os torna *bons*. Além disso, obedecer a seus mandamentos apenas por causa de seu poder seria servil e mesquinho. Suponha, por exemplo, que eu esteja inclinado a fazer algo ruim, como trair a confiança de alguém. Não basta pensar: "Bom, deixe-me ver, os ganhos são estes e estes, mas agora tenho de levar em consideração o risco de Deus acabar comigo se eu fizer isso. Por outro lado, Deus sempre acaba perdoando e há uma boa chance de eu enganá-lo na confissão ou em algum arrependimento no leito de morte". Esses não são pensamentos de um bom caráter. O bom caráter é aquele que pensa: "Seria uma traição, então não o farei". Fim de papo. Entrar em uma análise religiosa do custo-benefício é, para empregar uma frase que ficou famosa nos trabalhos do filósofo moral contemporâneo Bernard Williams, ter "um pensamento quando não deveria ter nenhum".

O recurso a um deus externo, então, parece pior que irrelevante. Parece distorcer a própria ideia de um padrão de conduta. Como o filósofo moral Immanuel Kant (1724-1804) escreveu, é algo que nos encoraja a agir *em conformidade* com uma regra, mas apenas por medo da punição ou por algum outro incentivo, ao passo que o que realmente queremos é que as pessoas ajam por *respeito* a uma regra. É isso que a verdadeira virtude exige. (Discuto essas ideias de Kant mais detalhadamente na Terceira Parte.)

Podemos nos perguntar se apenas as religiões vulgarizadas devem ser condenadas com tanta veemência. A questão então passa a ser outra: que outro tipo de religião existe? Uma concepção mais adequada de Deus certamente deveria impedi-lo de ser um velho vingativo no céu. Algo mais abstrato, talvez? Mas nessa direção mística se encontra um deus que está muito longe dos seres humanos e também do bem ou do mal humanos. Como disse Epicuro (341-271 a.C.), o estoico grego:

> *A natureza abençoada e imortal não conhece problemas em si mesma nem os causa a outros, de modo que nunca se constrange pela raiva ou pelo favor. Pois todas essas coisas existem apenas nos fracos.*

Uma natureza abençoada e imortal de verdade é simplesmente *grandiosa* demais para se incomodar com as ações de pequenos seres humanos. Não lhe seria pertinente averiguar se os humanos comem mariscos ou fazem sexo de um jeito ou de outro.

A alternativa sugerida pelo diálogo de Platão é que a religião confere uma roupagem mítica e uma autoridade mítica a uma moralidade que já está lá desde o começo. Nesse sentido, não se deve desprezar o mito. Ele nos dá simbolismo e exemplos que mobilizam nossa imaginação. É o depositário das intermináveis tentativas humanas de lidar com a morte, o desejo, a felicidade, o bem e o mal. Quando uma exilada rememora seu passado, ela se lembra das canções, dos poemas e dos contos populares de sua terra natal, não de suas leis ou de sua constituição. Se as músicas não lhe dizem mais nada, ela está a um passo do esquecimento. Do mesmo modo, podemos temer a época em que a religião não nos disser mais nada, pois então talvez estaremos a um passo de esquecer uma parte importante da história e da experiência humana. Essa pode ser uma mudança moral, para melhor ou para pior. Nessa análise, a religião não é o fundamento da ética, mas sua vitrine ou sua expressão simbólica.

Em outras palavras, envolvemos nossos padrões com as histórias de origem divina como uma maneira de afirmar sua autoridade. Não apenas temos um padrão de conduta que proíbe, digamos, o assassinato: temos exemplos mitológicos nos quais Deus expressou seu descontentamento com casos de assassinato. Infelizmente, o mito e a religião também estão a serviço dos maus costumes. Lemos o que nós mesmos escrevemos, ampliado e validado. Não apenas temos medo da ciência ou queremos tomar a terra das outras pessoas: temos exemplos nos quais Deus pune o desejo de conhecimento ou nos ordena a ocupar o território. Temos a autorização de Deus para dominar a natureza, ou para considerá-*los* – *eles*, os outros, os diferentes de nós – inferiores ou mesmo criminosos. Isso é, temos todo o deprimente espetáculo das pessoas que não apenas querem fazer uma coisa, mas também querem projetar sobre seus deuses os mandamentos que transformam esse fazer em um direito ou um dever. Por esse motivo, a religião não é a fonte dos padrões de comportamento, mas uma projeção deles, feita precisamente para revesti-los com uma autoridade absoluta. A religião serve para separar *nós* e *eles*. Mas, sem dúvida, tem outras funções sociais e psicológicas. Certamente pode ser o meio pelo qual uma autoridade política injusta garante a docilidade de seus súditos: o ópio do povo, como disse Marx. As palavras do hino anglicano – "Deus fez o rico em seu castelo e o pobre em seu portão" – ajudam a manter as classes inferiores resignadas a seus destinos.

Se tudo isso estiver certo, a morte de Deus está longe de ser uma ameaça à ética. Na verdade, é uma necessária limpeza do terreno, no caminho de revelar a ética por aquilo que ela realmente é. Talvez não possa haver leis sem um legislador. Mas Platão nos diz que as leis éticas não podem ser caprichos arbitrários de deuses personalizados. Em vez disso, talvez possamos fazer nossas próprias leis.

2. Relativismo

Então, em vez de algo com autoridade sobrenatural, talvez nos deparemos simplesmente com regras criadas por nós mesmos. Surge aí o pensamento de que as regras podem ser feitas de maneiras diferentes, por pessoas diferentes, em momentos diferentes. Nesse caso, parece que a conclusão é que não há uma verdade única. Existem apenas as diferentes verdades de diferentes comunidades. Essa é a ideia do relativismo, o qual é muito criticado pela maioria dos filósofos morais. O "calouro relativista" é um personagem clichê das aulas de introdução à ética, mais ou menos como o ateu da aldeia (mas o que há de bom no teísmo de aldeia?). No entanto, o relativismo tem um lado muito cativante, que é sua ligação com a tolerância a diferentes modos de vida. Hoje ninguém se sente à vontade com a certeza colonial de que apenas a nossa maneira de fazer as coisas está correta e de que precisamos impor essa maneira aos outros. É bom que a aliança oitocentista entre o missionário e a polícia tenha desaparecido, em certa medida. Uma apreciação mais tranquila e pluralista da diversidade humana muitas vezes é um bem-vindo antídoto a um imperialismo embaraçoso.

Essa afirmação clássica se encontra no Livro III das *Histórias* de Heródoto. O historiador grego do século V a.C. está criticando o rei Cambises, filho de Ciro da Pérsia, que demonstrou respeito insuficiente pelas leis persas:

> *Tudo me leva a assegurar que Cambises estava completamente louco, pois, do contrário, não teria zombado da religião e da tradição. Se alguém ordenasse a toda a humanidade que escolhesse a melhor coleção de leis do mundo, cada grupo, após a devida consideração, escolheria seus próprios costumes: cada grupo considera que os melhores são, de longe, os seus. Portanto, é improvável que alguém, exceto um louco, ria dessas coisas.*

Há muitas outras evidências que sustentam a ideia de que essa opinião sobre os próprios costumes é universal, mas aqui está um exemplo. Durante o reinado de Dario, ele chamou alguns gregos à sua presença e lhes perguntou quanto dinheiro seria necessário para que eles se dispusessem a comer os cadáveres de seus pais; os gregos responderam que não o fariam por quantia nenhuma. Em seguida, Dario convocou alguns membros da tribo indiana conhecida como Callatiae, que têm o costume de comer os próprios pais, e lhes perguntou, na presença dos gregos, com um intérprete para que entendessem o que se dizia, quanto dinheiro seria necessário para que se dispusessem a cremar os cadáveres de seus pais; eles gritaram horrorizados e lhe pediram para não dizer coisas tão terríveis. Portanto, essas práticas se consagraram em costumes, e creio que Píndaro tinha razão ao dizer em seu poema que o costume é o rei de todos.

Aqui vemos dois elementos bem diferentes. Um é que a lei do costume é soberana. O outro é que a lei do costume merece tamanho respeito que apenas aqueles que estão completamente loucos zombam dela. Em nosso clima moral, muitas pessoas acham mais difícil aceitar o primeiro que o segundo. Elas supõem que, se nossos padrões de conduta são "apenas nossos", então eles não têm nenhuma autoridade verdadeira. Podemos muito bem fazer as coisas de maneira diferente e, se o fizermos, não haverá nenhum ganho e nenhuma perda. O que é justo ou certo aos olhos de um povo talvez não o seja aos olhos de outro, e nenhum dos lados pode reivindicar para suas regras particulares a verdade verdadeira, a verdade única. Debater a ética é debater sobre o que nos aguarda no fim do arco-íris: algo que é uma coisa sob um ponto de vista e outra coisa sob outro ponto de vista. Uma maneira diferente de falar a mesma coisa seria dizer que qualquer conjunto específico de padrões é puramente convencional, sendo que a ideia de convenção implica que existem outras maneiras igualmente apropriadas de fazer as coisas, mas que acabamos por escolher uma delas. Como diz o personagem do filósofo na peça *Jumpers*, de Tom Stoppard, "certamente uma tribo que acredita honrar seus anciãos ao comê-los será vista com desconfiança por outra que prefere lhes comprar um pequeno bangalô em algum lugar". Mas ele também chega a dizer que, em cada tribo, existe *alguma* noção de honra, ou alguma noção do que é certo fazer.

Por que Heródoto demonstra tanto desprezo por Cambises? Dirigir à direita ou à esquerda é mera convenção, pois são duas soluções igualmente boas para o problema de organizar o trânsito. Então, justamente *por causa* disso, um Cambises que hoje zombasse de nossa obediência servil a uma regra ou a outra estaria louco. Por certo, a lei do costume é soberana. Mas é necessário que exista *alguma* regra e, portanto, não há nenhum motivo para zombar de qualquer uma que sigamos.

Por outro lado, isso sugere uma limitação ao relativismo. Por enquanto, vislumbramos normas ou padrões que são transculturais. Nos Estados Unidos e na Europa, as pessoas dirigem à direita e na Grã-Bretanha e na Austrália, à esquerda, mas em cada país deve haver uma regra, ou o caos reina e o trânsito fica impossível. As práticas funerárias certamente variam, como Dario demonstrou, mas talvez tenham surgido em todas as comunidades, desde o aparecimento de nossa espécie, necessidades e emoções que exigiram satisfação por meio de *algum* ritual de passagem. Quando acontece um acidente com um avião de qualquer nacionalidade, os parentes e amigos das vítimas sentem a perda, e seu luto é pior quando não há um "encerramento" ou uma maneira minimamente digna de identificar e sepultar os entes perdidos. Na *Antígona* (441 a.C.), a tragédia de Sófocles, a heroína se vê dividida entre duas demandas inconciliáveis: ela precisa obedecer ao rei, que proibiu o enterro de seus oponentes mortos em batalha, e precisa enterrar o irmão, que estava entre eles. A segunda demanda vence e, assim como os gregos antigos, hoje entendemos o porquê. A peça nos diz: o senso de honra de Antígona faz sentido para nós.

Assim, nos deparamos com uma distinção entre a exigência transcultural do "precisamos de um jeito de lidar com a morte" e a implantação local do "é desta maneira que vamos lidar com a morte". É isso que qualifica o relativismo. Se todo mundo precisa da regra de que deve haver alguma regra, temos um padrão universal. Pode-se sugerir, então, que o cerne da ética é universal apenas dessa maneira. Toda sociedade que seja reconhecidamente humana precisará de alguma instituição de propriedade (alguma distinção entre o "meu" e o "seu"), algumas normas que governem o dizer a verdade, alguma concepção que garanta os compromissos, alguns padrões que restrinjam a violência e o assassinato. Serão necessários alguns dispositivos que regulem a expressão sexual, algum senso do que é apropriado no tratamento dos desconhecidos, das minorias, das crianças, dos idosos e dos deficientes. Será necessária alguma noção de como distribuir os recursos e de como tratar aqueles que não os possuem. Em outras palavras, será necessário em todo o espectro da vida ter uma noção do que se espera dos outros e do que está fora de cogitação. Para os seres humanos, não há vida sem padrões de viver. Isso certamente sugere parte de uma resposta ao relativismo, mas, por si só, não nos leva muito longe. Pois aqui não se argumenta que os padrões devam ser fundamentalmente os mesmos. Ainda pode haver "verdades diferentes" de diferentes povos.

Mas podemos abordar a ideia da universalidade de uma outra maneira, uma maneira que põe em foco aquilo que para muitos é um sério dilema moral. Vimos, páginas atrás, que a tolerância geralmente é boa e que fazemos bem em deixar muitas certezas imperialistas para trás. Em Roma, faça como os romanos – mas e se os romanos fizerem coisas bastante desagradáveis? Não precisamos ir muito longe para encontrarmos sociedades cujas normas consentem em maus-tratos sistemáticos a muitos grupos. Há sociedades escravocratas e sociedades de castas, sociedades que toleram a queima de viúvas, que impõem a mutilação genital feminina, que negam educação e outros direitos às mulheres. Há sociedades em que não existe liberdade de expressão política, ou cujo tratamento dos criminosos é desumano, ou onde diferenças de religião ou idioma trazem consigo distinções de *status* legal e civil.

Aqui temos um conflito. Por um lado, existe o pensamento relativista de que "se eles fazem desse jeito, tudo bem, não é da minha conta". Por outro lado, existe a forte sensação, que muitos de nós compartilhamos, de que essas coisas não deveriam acontecer e de que não podemos ficar de braços cruzados quando acontecem. Quando os padrões chegam a esse ponto, temos apenas soluções falhas e deturpadas para o problema de quais padrões implantar.

Aqui é natural que olhemos para a linguagem da justiça e dos "direitos". Existem direitos humanos desprezados e renegados por essas práticas. Mas a negação de direitos é uma preocupação de todos. Se as crianças não têm acesso à educação e são exploradas para o trabalho, ou se, como acontece em alguns países do norte da África, as meninas são terrível e dolorosamente mutiladas para que depois não possam desfrutar da natural e agradável sexualidade humana, então não está tudo bem, qualquer que seja o tempo e o lugar. Se *eles* fazem isso, *nós* temos de nos opor a *eles*.

Muitas pessoas vão querer se posicionar dessa maneira, mas depois vão ficar confusas e derrotadas pelo pensamento relativista de que, quando dizemos isso, ainda estamos afirmando algo que é "apenas nosso". As expressões morais dos dois últimos parágrafos incorporam padrões ocidentais bons e liberais. Eles estão cimentados em documentos como a Declaração Universal dos Direitos Humanos das Nações Unidas (um trecho dele é apresentado a seguir e a íntegra se encontra no Apêndice).

Artigo I

Todos os seres humanos nascem livres e iguais em dignidade e direitos. São dotados de razão e consciência e devem agir em relação uns aos outros com espírito de fraternidade.

Artigo II

1 – Todo ser humano tem capacidade para gozar os direitos e as liberdades estabelecidos nesta Declaração, sem distinção de qualquer espécie, seja de raça, cor, sexo, idioma, religião, opinião política ou de outra natureza, origem nacional ou social, riqueza, nascimento, ou qualquer outra condição.

2 – Não será também feita nenhuma distinção fundada na condição política, jurídica ou internacional do país ou território a que pertença uma pessoa, quer se trate de um território independente, sob tutela, sem governo próprio, quer sujeito a qualquer outra limitação de soberania.

Artigo III

Todo ser humano tem direito à vida, à liberdade e à segurança pessoal.

Artigo IV

Ninguém será mantido em escravidão ou servidão; a escravidão e o tráfico de escravos serão proibidos em todas as suas formas.

Artigo V

Ninguém será submetido à tortura nem a tratamento ou castigo cruel, desumano ou degradante.

Artigo VI

Todo ser humano tem o direito de ser, em todos os lugares, reconhecido como pessoa perante a lei.

Artigo VII

Todos são iguais perante a lei e têm direito, sem qualquer distinção, a igual proteção da lei. Todos têm direito a igual proteção contra qualquer discriminação que viole a presente Declaração e contra qualquer incitamento a tal discriminação.

Declaração Universal dos Direitos Humanos das Nações Unidas, sete primeiros artigos.

Mas esses artigos são mais do que apenas nossos? E, se não conseguimos vê-los como mais do que isso, então quem somos nós para impô-los aos outros? O multiculturalismo parece bloquear o liberalismo.

É claro que podemos insistir em nossos padrões, esmurrando a mesa. Mas, ainda que pensemos que não estamos fazendo *nada mais* que esmurrar a mesa, haverá lá no fundo uma voz dizendo que estamos "simplesmente" impondo nossas vontades aos outros. Esmurrar a mesa demonstra nossa confiança, mas não silencia o diabinho relativista nos nossos ombros. Podemos ilustrar esse caso com uma boa anedota de um amigo meu. Ele estava em um importante instituto de ética durante a realização de um congresso no qual representantes das grandes religiões participavam de mesas de debate. Primeiro, o budista falou sobre as maneiras de se acalmar, o domínio dos desejos e o caminho para a iluminação, e todos disseram: "Ah, que ótimo, se isso funciona para você, tudo bem". Depois, o hindu falou sobre os ciclos de sofrimento, nascimento e renascimento, os ensinamentos de Krishna e a maneira de se libertar, e todos disseram: "Ah, que ótimo, se isso funciona para você, tudo bem". E assim foi com todos os participantes, até que o padre católico falou sobre a mensagem de Jesus Cristo, a promessa de salvação e o caminho para a vida eterna, e todos disseram: "Ah, que ótimo, se isso funciona para você, tudo bem". Aí ele esmurrou a mesa e berrou: "Não! Não é uma questão de funcionar para mim! É a verdadeira palavra do Deus vivo! E, se vocês não acreditarem, vão todos parar no inferno!".

E todos disseram: "Ah, que ótimo, se isso funciona para você, tudo bem".

A piada aqui está na incompatibilidade entre o que o padre quer – uma reivindicação de autoridade e verdade únicas – e o que as pessoas acham que ele está oferecendo – uma afirmação particular, satisfatória para ele, mas apenas tolerada ou aquiescida pelos outros, como qualquer outra afirmação. A moral da história é que, uma vez estabelecido um estado mental relativista, nenhuma reivindicação de verdade, autoridade, certeza ou necessidade será escutada, a não ser como mais uma fala semelhante a qualquer outra. Claro que essa pessoa está falando de certeza e verdade, diz o relativista. Essa é apenas a *sua* certeza e a *sua* verdade, tomadas como absolutas por ele, o que não significa nada mais que "transformadas em fetiche".

Será que conseguimos encontrar argumentos que perturbem o estado de espírito do relativista? Será que conseguimos fazer mais do que esmurrar a mesa? Se não conseguirmos, isso significa que temos de parar de esmurrar? Retornaremos a essas perguntas na última seção deste livro. Enquanto isso, ficam aqui dois pensamentos. O primeiro contraria a ideia de que estamos apenas "impondo" provincianos padrões ocidentais quando, em nome dos direitos humanos universais, opomo-nos à opressão das pessoas por motivos de gênero, casta, raça ou religião. Pelo menos em parte, podemos dizer que geralmente não se trata de impor nada. É uma questão de cooperar com os oprimidos e promover sua emancipação. Mais importante que isso: em geral, não é certeza absoluta que os valores que defendemos sejam tão estranhos assim aos outros (este é um dos pontos em que nos enganamos ao pensar de maneira simplista em culturas hermeticamente fechadas: *eles* e *nós*). Afinal, muitas vezes, apenas os opressores são porta-vozes de *sua* cultura ou de *suas* maneiras de fazer as coisas. Não são os escravos que valorizam a escravidão, nem as mulheres que valorizam o fato de não conseguirem emprego, nem as jovens que valorizam a mutilação. São os brâmanes, mulás, sacerdotes e anciãos que se consideram porta-vozes de *sua* cultura. O que as outras pessoas pensam sobre isso quase nunca é registrado. Assim como são os vencedores que escrevem a história, são os que estão no topo da pirâmide que escrevem sua justificativa para o topo ser o que é. Os que estão na base da pirâmide não podem dizer nada.

O segundo pensamento é o seguinte. Levado ao limite, o relativismo se torna subjetivismo: não a ideia de que cada cultura ou sociedade tem sua própria verdade, mas a ideia de que cada indivíduo tem sua própria verdade. E quem poderá dizer qual é a correta? Imagino que, no início da seção passada, quando fiz alguns comentários morais sobre o Antigo e o Novo Testamentos, algumas pessoas deram de ombros: "Bom, essa é apenas a sua opinião". É curioso ver como essa resposta anda popular nas discussões morais. Pois se trata de uma maneira de parar a conversa, não de um avanço na conversa pretendida. Não é um argumento contra ou a favor da opinião proferida, nem um convite às razões do interlocutor, nem qualquer tipo de indicação de que seria melhor pensar outra coisa. É claro que qualquer pessoa sincera expressa sua opinião – isso é uma tautologia (o que mais essas pessoas poderiam fazer?). Mas a opinião é apresentada como algo com que se deve concordar ou, pelo menos, que deve ser ponderado e levado a sério. O orador está dizendo: "Esta é a minha opinião, e aqui estão as razões que a sustentam; se você tiver razões contrárias, o melhor que temos a fazer é analisá-las". Se a opinião for rejeitada, o próximo passo será: "Não, você não deveria pensar isso porque...". Ou seja, uma conversa ética não é do tipo "eu gosto de sorvete", "eu não gosto", na qual a diferença não importa. A conversa ética é "faça isso", "não faça isso", na qual a diferença é discordância e importa, sim.

Às vezes, as conversas éticas precisam parar, de fato. Quando não estamos chegando a lugar nenhum, concordando em discordar. Mas não sempre. Às vezes, não devemos parar. E, às vezes, não podemos correr o risco de parar. Se minha esposa acha que as visitas podem fumar e eu acho que não, é melhor conversarmos e fazer o possível para convencer um ao outro, ou encontrar um meio-termo. Do contrário, pode dar briga ou divórcio, que são alternativas bem piores. E, em nossa prática, quando não em nossas reflexões, todos sabemos disso. Os calouros relativistas que hoje dizem "Bom, essa é apenas a sua opinião" amanhã irão demonstrar o mais intenso apego a uma opinião em particular, quando o tema for a caça esportiva, ou a vivissecção, ou o aborto – ou qualquer outra coisa com que se preocupem.

A resposta que faz a conversa parar é tentadora por causa de uma certa perspectiva filosófica: a de que a ética "não tem fundamento". De que não há nada que demonstre que um ou outro ponto de vista esteja correto, nada em virtude de que uma observação ética possa ser verdadeira. Ou seja, a ética não tem substância. Esse tipo de pensamento tem uma forte sustentação filosófica. Supomos que o mundo se esgota naquilo que *é*. Um evento criador só precisa criar o mundo físico, e tudo o mais, até mesmo a humanidade, vem daí. Mas o mundo físico contém apenas o *é*, e não o *deve ser*. Então, não há fato que torne verdadeiros os compromissos éticos. Nem conseguiríamos detectar tal fato. Não temos sentidos (ouvidos, olhos, pele) que reajam a fatos éticos, nem instrumentos que detectem sua verdade. Reagimos apenas ao que é verdade, nunca ao que *deveria ser* verdade. Desse modo, o niilismo, a doutrina de que não há valores, nos domina, assim como o ceticismo, a doutrina de que, mesmo que houvesse valores, não teríamos como saber nada sobre eles.

Voltarei a esse ponto mais adiante, no final da Terceira Parte. Mas, por mais que a filosofia se saia bem, é precipitado pensar que a discussão sobre quem ou o que admirar, sobre como se comportar ou sobre o que devemos uns aos outros deva cessar por causa disso. Deve haver um caminho entre as areias movediças do relativismo e as rochas frias do dogmatismo.

3. Egoísmo

Somos animais bastante egoístas. Talvez seja ainda pior: talvez sejamos animais completamente egoístas. Talvez a preocupação com os outros, ou a preocupação com os princípios, seja uma farsa. Talvez a ética precise ser desmascarada. Talvez ela seja apenas o zunido do motor, não o vapor que o move.

Como podemos saber? Vamos pensar um pouco no método. Diante dessa situação, existem dois métodos razoavelmente bons para descobrir com que as pessoas se importam de verdade. Um é perguntar a elas e avaliar a sinceridade de sua resposta e a plausibilidade do que respondem. O outro é ver o que elas fazem ou tentam fazer. Nenhum dos métodos é infalível. As pessoas podem nos enganar. E podem enganar a si mesmas. Aliás, isso não é, como geralmente se pensa, um *insight* de Freud. Esse *insight* tem uma linhagem filosófica, literária e teológica que provavelmente remonta às origens do próprio pensamento. Um bom exemplo antigo é a ideia dos estoicos gregos de que toda ambição nasce do medo da morte: se um homem quer que se ergam estátuas em sua homenagem é porque, inconscientemente, tem medo de morrer, mas é claro que não se dará conta disso. Uma vertente duradoura do pensamento cristão diz que não temos ideia dos anseios de nosso coração.

Normalmente, lidamos com a falibilidade diminuindo a probabilidade de erro. Podemos verificar o que as pessoas dizem observando o que elas fazem. Um homem pode se apresentar como um pai dedicado e até acreditar que o é mesmo. Mas, se ele nunca cria ou aproveita oportunidades para estar com os filhos, teremos nossas dúvidas. Suponha, no entanto, que ele crie essas oportunidades e as aproveite alegremente e demonstre pouco ou nenhum arrependimento pelos outros prazeres que pode estar perdendo por causa disso. Então a coisa está resolvida: ele de fato se dedica aos filhos. Em outros casos, vemos muito mais hipocrisia e cortinas de fumaça. O governo britânico, não muito diferente dos outros, hoje em dia emprega a retórica do dever moral, das missões civilizatórias e de tudo o mais para parecer que faz bem em colocar mantenedores da paz em vários dos cerca de cem países para os quais vende armas regular e copiosamente. Não é muito difícil ver que a preocupação é só uma máscara. Todo mundo gosta de ter palavras éticas do seu lado (como Smilby ilustra na Figura 3).

Nosso pai dedicado realmente se importa com os filhos? A falibilidade ainda paira no ar. A vida e a literatura apresentam casos em que tudo parece alinhado a uma interpretação, mas, mesmo assim, outra interpretação parece rondar. Talvez esse pai modelo tenha medo da esposa e saiba que fingir preocupação com os filhos é o que ela espera. Ou talvez ele tenha medo da opinião pública. Ou esteja buscando um certo tipo de reputação para avançar na carreira política. Podemos observar o padrão de seu comportamento, bem como suas palavras, e ainda nos perguntar se as coisas de fato são como parecem.

Podemos, mas, novamente, temos métodos a seguir. Suponha que a esposa do nosso pai dedicado desapareça, mas ele continue dedicado como antes. Ou suponha que sua carreira política acabe, mas ele continue sendo um bom pai. Esses cenários excluiriam a ideia de que era o medo da esposa ou a esperança de uma vitória nas eleições o que o motivava. Restaria

3. "Esta é a parede, Foster. Queríamos que você bolasse um mural, assim, apropriado e simbólico – sabe como é. O Presidente e o Conselho presidindo os Espíritos Gêmeos da Arte e da Indústria, emergindo das Águas da Diligência para colher a rica colheita da Prosperidade enquanto as Três Musas, a Fé, a Esperança e a Caridade, ladeadas pelo Engenho e pela Iniciativa, abençoam a Corporação e animam os acionistas." (Cartum de Smilby)

apenas a interpretação natural, de que ele de fato cuida dos filhos e gosta de estar com eles.

Nos séculos XIX e XX, esses métodos caseiros começaram a perder terreno. A exemplo dos estoicos, as pessoas se curvaram diante da ideia de significados ocultos e inconscientes, revelados apenas por uma Grande Teoria Unificadora da natureza humana. Essa ideia tinha um pé na hermenêutica, ou seja, a prática da interpretação. Essa consistia, originalmente, no empreendimento de descobrir as "assinaturas" ocultas que Deus deixara nas características naturais, de modo que, por exemplo, o formato das plantas pudesse indicar o mal que elas curavam. E também consistia na descoberta dos significados ocultos por trás das analogias, parábolas e relatos históricos aparentemente inacreditáveis das Escrituras. Em sua aplicação moderna, para os olhos da hermenêutica, as coisas também podem ser bem diferentes do que aparentam ser. Então, temos a ideia de que o pacifismo oculta a agressão, ou de que o desejo de ajudar mascara o desejo de poder, ou de que a polidez é uma manifestação do desprezo, ou de que o celibato expressa um desejo furioso de procriar. Talvez tudo se resuma a sexo, *status*, poder ou morte – a hermenêutica é muito boa em soluções de uma palavra só. E também é boa em dispensar com uma palavra só qualquer rejeição a suas soluções de uma palavra só: a verdade é reprimida, está oculta pela falsa consciência. A resistência do sujeito a qualquer interpretação hermenêutica pode se tornar um índice de quão verdadeira ela é. Assim a ideologia se fecha.

Mantendo os pés no chão, devemos perguntar o que distingue a mera fantasia do uso apropriado ou preciso desse método. O filósofo Karl Popper (1902-1994) certa vez contou uma história sobre a descrição de um caso ao psicanalista Alfred Adler. Depois de ouvir a descrição, Adler, sem hesitar, diagnosticou ansiedade de castração, ciúme do pai, desejo de se deitar com a mãe e outras coisas mais. Quando terminou, Popper perguntou como Adler sabia de tudo aquilo. "Por minha experiência com mil e um casos" foi a resposta. "E com este novo caso", disse Popper, de acordo com seu próprio relato, "suponho que sua experiência tenha chegado a mil e dois casos". As Grandes Teorias Unificadoras não costumam se rebaixar para se submeter a testes empíricos.

Aqui já saímos da ética para entrar em fascinantes questões gerais da teoria do conhecimento. Farei apenas mais uma observação. Uma Grande Teoria Unificadora pode vir junto com bons *insights*. Pode unificar fenômenos humanos díspares e intrigantes. Em seu famoso livro *A teoria da classe ociosa* (1899), o sociólogo Thorstein Veblen observou toda uma série de fatos estranhos. Primeiro, trabalhadores itinerantes que ganham um dinheiro razoável tendem a "ostentar", andam com joias chamativas e grandes maços de notas, jogam pôquer apostando alto e assim por diante. Mas camponeses enraizados, que poderiam bancar essa vida com facilidade, nunca o fazem. Segundo, as pessoas deploram o gosto daquelas que se encontram um pouco abaixo delas em termos de riqueza e *status* social muito mais do que deploram o gosto das que estão muito abaixo delas. Terceiro, o aristocrata prefere ter como mordomo ou lacaio um homem vigoroso, e não uma mulher ou alguém com deficiência que poderia fazer o mesmo trabalho com a mesma eficácia. Quarto, é bom que uma bela casa tenha um belo gramado bem cuidado ao seu redor.

Veblen unificou esses e muitos outros fatos estranhos com a teoria de que as pessoas sentem necessidade de ostentar para deixar muito bem claro qual é seu *status*. O itinerante precisa exibir esse *status* em sua pessoa, daí a aparência extravagante. Precisamos gritar que não somos como aqueles que estão logo abaixo de nós na escada social – com quem podemos ser confundidos – muito mais do que precisamos gritar que não somos como aqueles que estão muito abaixo de nós – com quem não seremos confundidos. O aristocrata (que, afinal de contas, pode ter empobrecido) julga dar melhores sinais de abundância mantendo serviçais vigorosos em trabalhos improdutivos do que empregando pessoas que talvez não tivessem condições de encontrar outra ocupação. Daí os lacaios e mordomos. Algo semelhante se passa com os jardins, gramados e parques, que são bonitos somente por serem ornamentais e improdutivos (Veblen concluiu que a necessidade também orienta os julgamentos estéticos). O *insight* de Veblen se resume na doutrina do "consumo conspícuo". Mas, na verdade, o rótulo traz uma designação imprópria. O camponês enraizado não consome conspicuamente. Não precisa fazê-lo, porque todo mundo com quem ele se importa sabe muito bem o seu valor.

A ideia de que o consumo tem muito mais a ver com vaidade ou *status* do que poderíamos supor é evidentemente plausível e foi antecipada por muitos outros pensadores, entre eles Adam Smith (1723-1790). No entanto, como foi Veblen quem a formulou de maneira mais precisa, podemos testar sua versão em nossa própria experiência e descobrir se funciona. Ela tem as marcas de uma boa teoria científica. É simples. Fornece uma explicação unificada para padrões de comportamento diversos e desconectados. É preditiva (conseguiria, por exemplo, prever a pressão para o camponês vestir um terno quando em viagem à cidade, onde ninguém conhece seu valor). E é passível de refutação, pois podemos encontrar exemplos nos quais a teoria parece não funcionar, devendo então ser ajustada ou abandonada.

A maioria das Grandes Teorias Unificadoras – e, particularmente, o que poderíamos chamar de Grande Pessimismo Unificador – não é muito elegante. Considere a noção desanimadora de que todo mundo sempre age por interesse próprio. Não está muito claro o que isso quer dizer, mas, tomada ao pé da letra, a sentença é obviamente falsa. Muitas vezes, as pessoas *negligenciam* seus próprios interesses ou *sacrificam* seus próprios interesses em prol de outras paixões e preocupações. Essa negligência ou sacrifício não precisa nem ter um espírito elevado: o moRalista Joseph Butler (1692-1752) dá o exemplo de um homem que se arrisca a cair em ruína só para se vingar de um insulto. Pensando no interesse dele, os amigos tentam dissuadi-lo, mas não conseguem. O que esse homem precisa fazer é agir *mais* por interesse próprio, para que, antevendo sua ruína, contenha seu desejo de vingança. Mas, se seu desejo fosse pelo bem-estar dos outros, ou pela preservação da floresta tropical, ou pela redução da dívida do Terceiro Mundo, o fato de ele estar negligenciando ou sacrificando seu próprio interesse poderia parecer irrelevante. É o que a situação exigiria aos olhos dele e, se compartilhássemos de seus padrões, talvez também aos nossos. Se ele gastasse sua fortuna ou arruinasse sua saúde com esses objetivos, poderia muito bem dizer que só estava fazendo o que precisava ser feito.

Há uma armadilha contra a qual precisamos nos proteger neste momento. Alguém pode ler o último parágrafo e reclamar: "Até que faz sentido se pensarmos no interesse próprio de alguém somente em termos de dinheiro, carreira ou saúde. Sem dúvida, as pessoas sacrificam essas coisas em prol de outras preocupações. Mas também podemos ter agentes cujo *verdadeiro* interesse ou interesse próprio total inclui estas outras coisas: a vingança, a floresta tropical ou a dívida do Terceiro Mundo. Eles ainda estariam agindo por interesse próprio tanto quanto qualquer outra pessoa". A razão pela qual esse argumento se apresenta como uma armadilha é que ele esvazia a visão do todo. Ele sequestra a expressão "interesse próprio" para *qualquer que seja* a preocupação do agente. Mas, justamente por esse motivo, perde qualquer força preditiva ou explicativa. Com esse entendimento sobre a expressão "interesse" ou "interesse próprio", você jamais poderia dizer: "Cuidado, o agente não fará isso, mas fará aquilo porque, como todos os agentes, ele age por interesse próprio". Tudo o que você pode fazer é esperar para ver o que o agente de fato vai fazer e, em seguida, rastrear seus passos e, aborrecido, dizer que aquele era seu interesse. A jogada não é só chata, é também esquisita, pois, como diz Butler, essa não é a linguagem da humanidade. Por ela, teríamos de dizer que, se eu cedo a vez para que mulheres e crianças entrem no barco salva-vidas, meu interesse pessoal residiria no fato de elas estarem no barco, e não eu. E essa não é a maneira como descrevemos o gesto. Isso parece acrescentar uma reinterpretação cínica do agente, mas, na verdade, não acrescenta nada.

Talvez surpreendentemente, podemos ver a falsidade geral do egoísmo pensando em casos particulares nos quais ele ocorre de fato. São casos em que o interesse próprio vem disfarçado sob a aparência de uma preocupação maior. Suponha que duas pessoas doem para uma instituição de caridade. Suponha que depois se revele que a instituição é corrupta e que as doações não vão para os pobres famintos, mas sim para os diretores. E suponha que, ao receber essa notícia, a primeira pessoa fique furiosa e irritada, não tanto com os diretores da instituição de caridade, mas com a pessoa que está trazendo a notícia ("Por que tocar nesse assunto? Deixe-me em paz!"), ao passo que a segunda pessoa fica indignada com os diretores. Então, seria razoável sugerir que a primeira pessoa valoriza sua própria paz de espírito ou reputação de generosidade mais do que se importa com os pobres famintos; a segunda, por sua vez, tem uma preocupação mais genuína com o que acontece no mundo – e não com seu próprio conforto ou imagem diante dos olhos dos outros.

Mas, felizmente, nem todos somos como a primeira pessoa, pelo menos não sempre. Ficamos indignados com os diretores, assim como nos indignamos com muitas coisas que acontecem à nossa volta. Nem sempre atiramos no mensageiro. Muitas vezes queremos ouvir a verdade, porque é a verdade que nos interessa.

4. Teoria da evolução

Existe uma vaga crença de que alguma combinação de teoria evolucionista, biologia e neurociência dará sustentação a um Grande Pessimismo Unificador. De fato, a maioria dos livros populares sobre ética nas livrarias se enquadra em um destes dois campos. Existem aqueles que oferecem acalento: composições encharcadas de consolo e arrebatamento. E existem aqueles que são escritos por um ou outro cientista da vida: um biólogo, neurocientista, teórico evolucionista ou pesquisador do comportamento animal louco para dizer que a "ciência" mostra que somos todos isto e aquilo. Uma vez mais somos desmascarados: os seres humanos são "programados". Somos egoístas, o altruísmo não existe, a ética é apenas uma fachada para estratégias egoístas, as mulheres são maternais, os homens são estupradores, todos somos condicionados, só nos importamos com nossos próprios genes. Há boas e más notícias sobre a popularidade desse gênero. A notícia boa é que temos um apetite insaciável pela interpretação. Há um enorme desejo de encontrar padrões de comportamento que nos permitam compreender e talvez controlar o fluxo humano. A notícia ruim é que concedemos autoridade a qualquer pessoa de jaleco branco, mesmo quando suas ideias não têm nada a ver com ciência (pois, como estamos prestes a ver, falar do significado da ciência não é falar de ciência).

Só devemos nos aventurar nessa literatura se estivermos armados contra três confusões. A primeira é esta: uma coisa é explicar como nos tornamos quem somos, outra coisa é dizer que somos diferentes daquilo que pensamos que somos. Mas são duas coisas fáceis de confundir, fatalmente. Suponha, por exemplo, que a teoria da evolução nos diga que o amor materno é uma adaptação. Isso significa que esse amor foi uma característica "selecionada", porque os animais nos quais ele existe se reproduzem e espalham seu material genético com mais sucesso do que aqueles que não o sentem. Se quiséssemos, poderíamos imaginar um "gene para o amor de mãe". Então, a alegação seria que os animais com esse gene têm e tiveram mais sucesso do que os animais que possuem apenas uma variante (um alelo) que não codifica o amor materno (é provável que esteja simplificado demais, mas é só um modelo para ilustrar o argumento). A confusão seria inferir que, portanto, o amor de mãe não existe. E assim nós o desmascaramos! A confusão é inferir que, sob essa máscara, queremos apenas espalhar material genético com mais sucesso.

Além de não proceder, isso na verdade contradiz o ponto de partida. O ponto de partida é: "o amor materno existe e é por isso que...". A conclusão é: "o amor materno não existe".

Em outras palavras, uma história evolucionista – plausível ou não – sobre a função genética de uma característica como o amor de mãe não deve ser confundida com uma história psicológica que desmascara o "verdadeiro interesse" de uma mãe. Não devemos criar uma geração de crianças ensinadas a dizer: "Na verdade, você não se importa comigo, só se importa com seus genes!". Talvez ninguém cometesse tal erro se ouvisse esse exemplo. Mas pense na ideia de "altruísmo recíproco". Biólogos e teóricos dos jogos observaram que os animais muitas vezes se ajudam quando parece que seria uma vantagem não se ajudarem. Eles fizeram uma excelente pergunta: como esse comportamento pode ter evoluído, quando parece destinado a perder para uma estratégia mais egoísta? A resposta é (ou pode ser) que o comportamento se tornou adaptativo na medida em que desencadeou condutas de ajuda recíproca no animal ajudado ou em outros que testemunharam o evento original. Em outras palavras, temos uma versão do famoso "uma mão lava a outra".

A explicação pode estar perfeitamente correta. E pode apresentar a razão pela qual nós mesmos herdamos tendências altruístas. Mas a confusão volta a atacar quando se infere que o altruísmo não existe *de verdade*, ou que *na verdade* não nos relacionamos uns com os outros desinteressadamente – ou seja, que só nos importamos com os outros para maximizar nossa chance de obter retorno sobre nossos investimentos em comportamentos altruístas. O equívoco é o mesmo – inferir que a psicologia não é o que parece por causa de sua explicação funcional –, mas parece mais sedutor aqui, provavelmente porque tememos que a conclusão seja verdadeira com mais frequência neste caso do que no caso do amor materno. Por certo, existem casos de altruísmo aparente disfarçando a esperança de benefícios futuros. Mas é claro que também existem casos em que não é bem assim, o que é demonstrado por meio dos métodos da última seção. O motorista dá carona para o viajante sem dinheiro, o freguês dá gorjeta ao garçom que sabe que nunca mais verá. E fazem isso quando não tem ninguém para ver o que estão fazendo.

Para se proteger dessa confusão, considere o desejo sexual. Ele tem, presumivelmente, uma função adaptativa, que é a propagação das espécies. Mas seria completamente estapafúrdio supor que as pessoas que sentem a fúria do desejo sexual querem mesmo propagar a espécie. Na maioria das vezes, nós enfaticamente não queremos – caso contrário, não haveria controle de natalidade, sexo entre idosos, homossexualidade, sexo solitário e outras variações –, e muitas pessoas não querem nunca. Alguns moralistas talvez desejem que fosse diferente, mas não é (veja a Figura 4).

Então, a primeira confusão é inferir que nossos interesses aparentes não são nossos verdadeiros interesses simplesmente pelo fato de existir uma explicação evolutiva para eles.

A segunda confusão é inferir a impossibilidade de este ou aquele interesse existir só pelo fato de não termos uma explicação evolutiva para eles. Isso não se justifica, pois pode ser que não exista mesmo explicação evolutiva para todos os tipos de peculiaridades: nenhuma explicação para gostarmos do canto

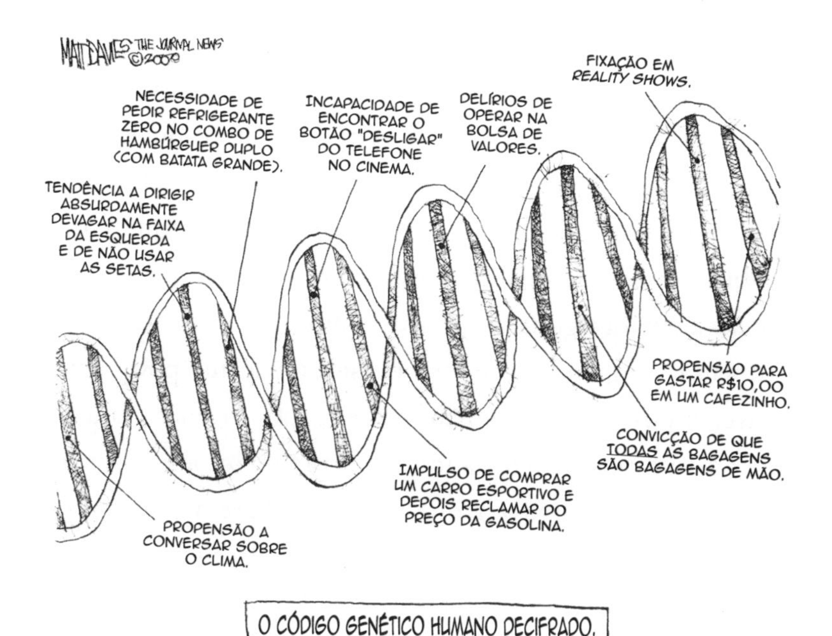

4. Matt Davies, *The Human Genetic Code, Deciphered* [O código genético humano decifrado].

dos pássaros, para adorarmos o sabor da canela, para termos cócegas nos pés. A charge diz tudo.

Essas características podem ser efeitos colaterais de outras que são adaptativas, ou podem ser descendentes de traços que já foram adaptativos, mas não são mais, ou podem não ter nada a ver com adaptações, mas apenas com o acaso. Ou podem, ainda, ser adaptações, mas apenas porque mexem com os sentimentos de quem as vê: talvez seja mais prazeroso estar com um parceiro que tem pés coceguentos e, então, um mecanismo de "seleção sexual" entra em ação para aumentar a prevalência do traço. Isso nos leva de volta à questão de por que o prazer e a preferência existem, mas a resposta talvez seja que eles apenas existem e ponto. Pavões fêmeas buscam no sexo oposto caudas lindas e enormes, mas aparentemente disfuncionais. Alces irlandeses fêmeas preferem machos praticamente imobilizados por chifres gigantescos. Não é fácil perceber o porquê, e esse problema pode desqualificar explicações em termos de seleção sexual para alguns propósitos. Por exemplo, se achamos a propensão humana à arte ou à música intrigante porque não conseguimos encontrar uma função de sobrevivência para ela, não adianta sugerir que as mulheres preferem homens artísticos e musicais, uma vez que não conseguiremos encontrar uma função de sobrevivência para essa preferência feminina. O que isso significa? Que a explicação deve continuar. E pode continuar demonstrando que as fêmeas reconhecem que a arte e a musicalidade indicam *outros* traços de vantagem na sobrevivência, como engenhosidade ou astúcia (a cauda espalhafatosa do pavão pode indicar imunidade a doenças e os chifres dos alces, sua força). Ou pode continuar postulando uma "mão trêmula" – um empurrão aleatório no processo evolutivo, como a cópia imprecisa de um gene que se enraizou no DNA por acaso.

A terceira confusão a ser evitada é ler a psicologia na natureza – e, em particular, no gene – e depois lê-la novamente na pessoa a quem pertence o gene. O exemplo mais notório desse erro está em *O gene egoísta*, de Richard Dawkins. Aqui, o fato de que os genes se replicam e têm diferentes probabilidades de se replicar em diferentes ambientes é apresentado de maneira metafórica, com genes "egoístas" se lançando em uma espécie de competição implacável para vencer os outros genes. Infere-se a partir daí que o animal humano deve ser egoísta, pois, de alguma forma, essa é a única psicologia apropriada para o veículo que transporta esses monstrinhos. Ou, pelo menos, se não somos egoístas, é porque, por algum estranho milagre, conseguimos transcender e combater a pressão genética para o sermos. Depois Dawkins repudiou essa ideia, mas agora ela tem vida própria.

Descrever essa linha de pensamento é expor sua tolice. Os genes não são egoístas – eles apenas têm diferentes probabilidades de se replicar em diferentes ambientes. Eles podem muito bem se sair melhor se a pessoa que os carrega for generosa, altruísta e com princípios – e é fácil ver isso. Obviamente, uma sociedade de pessoas generosas e altruístas deve se sair bem melhor do que um grupo em que não há nenhuma dessas características, apenas uma "guerra de todos contra todos". Além disso, o ambiente onde nós, seres humanos, florescemos é, em grande medida, um ambiente social. Vivemos uns aos olhos dos outros. Daí entra em vigor um princípio como o da seleção sexual: se estes e aqueles são os traços que admiramos uns nos outros, é provável que sejam bem-sucedidos não apenas para a sociedade como um todo, mas também para qualquer indivíduo que os possua. E nós os admiramos de verdade. Veremos mais sobre a associação entre ser bom e viver bem na seção 17.

5. Determinismo e inutilidade

Outra implicação das ciências da vida que, na cabeça de muitas pessoas, ameaça a ética é o determinismo. A ideia aqui é a seguinte: como "tudo está nos genes", o empreendimento da ética se revela inútil. As motivações que de fato movem as pessoas talvez não sejam tão simples quanto as Grandes Teorias Unificadoras, mas elas podem ser fixadas. E, então, fazemos o que estamos programados para fazer. Não adianta reclamar nem se arrepender: não podemos ir contra a natureza.

Isso traz à tona todo o tópico espinhoso do livre arbítrio. Aqui, quero examinar apenas uma versão específica do problema, a que leva nossa composição genética a implicar a inutilidade da ética e, mais precisamente, a inutilidade da educação, da experiência e dos conselhos morais. A ameaça é o efeito paralisante de perceber que somos o que somos: grandes mamíferos, feitos de acordo com instruções genéticas sobre as quais nada podemos fazer.

Um empreendimento moral pode ser inútil ao tentar alterar a natureza fixa. Proibir cabelos compridos é uma tarefa exequível – pelo menos no exército ou na força policial, digamos. Mas proibir que as pessoas tenham cabelo não é, uma vez que estamos de fato programados para tê-los. Uma ordem que proíba a fome ou a sede é inútil, pois não conseguimos controlá-las. Alguns casos são mais nebulosos. Imagine uma ordem monástica particularmente ascética cuja regra não apenas exija a castidade, mas proíba o desejo sexual. A regra provavelmente será inútil. Não conseguiremos obedecê-la, porque não cabe a nós decidir se sentimos ou não desejo sexual. No momento certo, os hormônios fervem e o desejo explode (a luxúria era objeto de especial horror para os primeiros moralistas cristãos, justamente por causa de sua natureza "rebelde" ou involuntária). As instruções químicas são geneticamente codificadas. Existem, é claro, algumas tecnologias de controle marginal: ioga, *biofeedback*, drogas. Mas, para a maioria dos jovens, na maioria das vezes, qualquer injunção para não sentir desejo será inútil. Isso não quer dizer que a ordem não tenha nenhum efeito. Ela pode muito bem provocar vergonha e constrangimento naqueles que acham que não conseguem obedecê-la. Essa talvez seja de fato a sua função, pois assim é capaz de reforçar a subserviência dos ordenados diante da autoridade implacável de quem ordena. E pode aumentar o poder das igrejas ou dos pais em manter seus dependentes em estado de culpa ou vergonha. Mas a regra em si é inútil: não pode ser obedecida. Portanto, a questão é: será que todas as regras são igualmente inúteis por causa do determinismo genético?

A resposta é não, porque, independentemente do que a nossa composição genética nos programe a fazer, ela sempre deixa espaço para o que podemos chamar de "responsividade ao estímulo". Deixa espaço para variarmos nosso comportamento em resposta ao que ouvimos, sentimos, tocamos ou vemos (caso contrário, de que adiantaria ter esses sentidos?). Deixa espaço para variarmos nossos desejos de acordo com o que aprendemos (ao descobrir que o copo contém ácido sulfúrico, perco aquele desejo de tomá-lo que sentia quando pensava que continha gim). Deixa espaço para que sejamos influenciados por informações recebidas de outras pessoas. E, por fim, deixa espaço para que sejamos afetados pelas atitudes dos outros. Em outras palavras, torna-nos responsivos ao clima moral.

Se gostássemos de paradoxos, poderíamos dizer: a genética nos programa para sermos flexíveis. Mas, na verdade, não há paradoxo nenhum. Até mesmo uma estrutura inanimada pode ser literalmente programada para ser flexível. Um programa de xadrez é projetado para dar respostas diferentes de acordo com o movimento que seu oponente acabou de fazer. Trata-se de uma "responsividade ao estímulo". Traços inflexíveis (o crescimento de cabelo, por exemplo) não são responsivos a estímulos, porque não importa quais crenças, desejos ou atitudes tenhamos, eles continuam os mesmos. Mas muitas de nossas crenças, desejos e atitudes não são assim. Ao contrário, têm uma plasticidade sem fim. Variam de acordo com o ambiente ao redor e também com o clima moral em que nos encontramos.

Quão flexíveis somos nos diversos aspectos particulares? Trata-se de uma questão empírica. Pensemos, por exemplo, na linguagem. Muitos teóricos acreditam que a extraordinária facilidade com que as crianças aprendem a linguagem exige um "módulo" ou estrutura que desempenhe essa função dentro do cérebro. Sua função não é aprender inglês, alemão ou latim, pois qualquer criança consegue aprender qualquer língua. Sua função é aprender a língua com a qual a criança cresce: sua língua materna – ou línguas maternas, se ela tiver sorte. Depois de um tempo, sugerem as evidências, perde-se consideravelmente essa flexibilidade. Depois dos doze anos de idade, é quase impossível aprender um idioma e falá-lo como nativo. A capacidade de responsividade diminui ou desaparece. Já não somos tão bons em copiar os estímulos e nos deixar levar pela gramática que ouvimos.

Assim, pelo que nos diz a genética, uma criança pode se tornar gentil e amável em um ambiente gentil e amável, perversa e agressiva em um ambiente perverso e agressivo, intelectual e musical em ambiente intelectual e musical. Ou essas disposições podem, por outro lado, ser deslocadas, caso outros fatores influenciem as coisas. Só precisamos olhar e ver.

Muito provavelmente, o que encontraremos é uma maior receptividade em alguns estágios e uma relativa inflexibilidade a partir de então, como no caso da linguagem. Se isso for verdade, em vez de deixar de lado a importância do ambiente moral, a divagação pelo determinismo irá catapultá-lo ao topo da lista. É aí que ele deveria estar se, depois de termos crescido em uma atmosfera de violência, agressão, insensibilidade, sensacionalismo, manipulação e dissimulação – o mundo cotidiano da televisão, por exemplo –, nunca ou quase nunca conseguíssemos escapar.

Existem outras ameaças de inutilidade para além do determinismo. Há um certo estado de espírito para o qual toda a vida humana é inútil. Discutirei esse tema na seção 10.

6. Demandas disparatadas

Defendi um otimismo moderado a respeito da natureza humana, na tentativa de pelo menos obstruir as Grandes Teorias Unificadoras – aquelas que chamamos de Grandes Pessimismos Unificadores – que encontramos até agora. Mas precisamos ser realistas e não devemos exigir muito de nós mesmos e uns dos outros.

Então surge a ameaça de que a ética faça exatamente isso, e não em uma versão muito exagerada e exigente, mas em sua essência. E aí ouvimos aquela reação: "tudo muito legal em princípio, mas, na prática, simplesmente não funciona". Como observou Kant, isso é "dito em tom elevado e desdenhoso, repleto da presunção de querer reformar a razão pela experiência". Kant considera esse dizer especialmente ofensivo, contrastando os olhos de "toupeiras, fixos na experiência" com "os olhos pertencentes a um ser que foi feito para ficar de pé e olhar para o firmamento".

No entanto, a ameaça é real e podemos pensar em várias versões dela. Primeiro, considere uma moralidade centrada em um conjunto de regras simples e abstrato. Um deles pode ser: "Não darás falso testemunho". Quando pensamos em exemplos centrais dessa regra, concordamos em aprová-la, claro. Não devemos abusar da confiança que as pessoas depositam em nós, e uma mentira deliberada, manipuladora e desavergonhada faria exatamente isso. Mas existem outros casos. Há mentiras brandas, socialmente perdoadas e até esperadas.

Há mentiras que contamos para aquelas pessoas que não deveriam perguntar o que perguntaram, porque não é da conta delas e elas não têm o direito de ouvir a verdade. Há mentiras desesperadas, que contamos porque dizer a verdade seria catastrófico (o clássico mentir para o *serial killer* que pergunta onde nossos filhos estão dormindo). Há mentiras que contamos a serviço de uma verdade maior ("Não tem perigo" pode ser literalmente falso, mas deixa os passageiros em um estado de espírito mais conveniente do que "O risco é bem pequeno"). Há mentiras que, talvez em desespero, contamos a nós mesmos e nas quais começamos a acreditar antes de contar aos outros ("Não é um câncer assim tão prejudicial, querida").

Alguns filósofos, notoriamente Kant, foram mais fundo e proscreveram até mesmo essas mentiras. Para o esquema moral de Kant, era fundamental que a proibição fosse simples e absoluta: sem exceções. Suponha que concordemos com ele. Então, a reação perfeitamente razoável daquela pessoa que não sabe ao certo o que está fazendo, ou da mãe diante do *serial killer*, ou do piloto tentando tranquilizar os passageiros, seria: "Não me venha com essa. Se é *isso* que a moral exige, vou pular fora".

Aqui está um segundo exemplo em que o rigor da ética pode levar à sua rejeição. Muitas teorias da ética destacam a natureza *imparcial* e *universal* do ponto de vista moral. É um ponto de vista que trata todos igualmente: cada pessoa tem o mesmo peso. A menos que haja outros fatores, do ponto de vista moral não é melhor eu ter bens e você não do que você ter e eu não. Se a pessoa sem os bens está morrendo de fome e a pessoa com bens tem comida de sobra, a moralidade exige uma partilha: o dinheiro é mais necessário para os famintos. A fome dos pobres exige a redistribuição dos recursos dos ricos.

É algo fácil de pregar e muito difícil de praticar. Na verdade, é meio ridículo ver o pastor bem fornido pregando caridade, ou o acadêmico ainda mais bem alimentado dizendo que não haverá justiça a menos que tenhamos programas de redistribuição voluntária ou involuntária que cortem o bolo inteiro em fatias iguais, quem sabe deixando cada pessoa pouco acima da linha de pobreza. Se aceitarmos, porém, que a moralidade exija de nós esse gesto, então a reação natural, mais uma vez, seria ignorar suas demandas. Não vai rolar, é impraticável, podemos esquecer isso.

Não creio que seja fácil encontrar uma atitude constante quanto ao rigor da proibição de mentir, muito menos quanto ao dever da caridade. Mas creio que algo dará muito errado se as demandas *extremas* forem colocadas diretamente no centro da ética. O centro da ética deve ser ocupado por coisas que podemos *razoavelmente* exigir uns dos outros. A rigidez do fanático ou o cilício do santo se encontram nos extremos. Não queremos segui-los até lá nem o conseguiríamos, se quiséssemos, mas ainda temos muitos padrões a cumprir. Ainda devemos sentir vontade de responder às demandas razoáveis de decência. Podemos não ser capazes de resolver todos os problemas do mundo, mas devemos fazer o melhor possível com os que conseguimos resolver. A reação correta, portanto, é procurar princípios morais que não sejam impraticáveis e tenham algum limite em suas demandas. Aderir a algo mais rigoroso pode ser admirável e santificado, mas não é isso que se *demanda* de nós. Como se costuma dizer, está acima e além da nossa obrigação.

Um exemplo diferente da tentativa de escapar ao rigor na conduta é a desculpa das "mãos sujas". Fabricar armas ou vender produtos de origem animal é um negócio ruim segundo várias concepções. Mas o fabricante (ou o governo) diz: se não o fizermos, alguém o fará – e ficará com os empregos e os lucros. As armas e os produtos serão fabricados da mesma maneira, então por que deveríamos sacrificar nosso bem-estar em benefício de nossos concorrentes? O moralista, de pé, com os olhos no firmamento, simplesmente não está em contato com as necessidades do mercado. A ética é muito legal, mas talvez não possamos nos dar ao luxo de bancá-la. A toupeira pelo menos paga as contas no fim do mês.

Há algo de sujo, não apenas para Kant, mas para a maioria de nós, na desculpa que esse argumento nos oferece. Temos a sensação de que devemos manter as mãos limpas, por mais que outras pessoas as sujem. A desculpa não é uma opção para pessoas de honra e integridade, por mais conveniente que seja na prática. Em muitas áreas, manter as mãos limpas não é fazer mais que a obrigação.

7. Falsa consciência

Nas seções 3 e 4, dissemos que os Grandes Pessimismos Unificadores tentaram descobrir motivações inconscientes e ocultas, as coisas que nos movem de verdade, relegando as preocupações éticas ao papel de mero barulho no motor. E resistimos às suas alegações. Mas ainda se pode argumentar que o papel social da moralidade está manchado. Mesmo que as motivações de seus praticantes sejam sinceras, só o são porque foram de alguma maneira sugadas para um sistema. E o sistema pode não ser o que parece.

Considere, por exemplo, uma crítica feminista a um comportamento masculino. O homem abre a porta para a mulher, oferece ajuda para carregar suas compras ou deixa o assento livre para ela. A feminista acha tudo isso ofensivo. E não precisa nem dizer que o homem só faz essas coisas para rebaixar a mulher. Seu comportamento, afirma a feminista, faz parte de um "sistema" ou "padrão" de eventos, cujo efeito último é o sinal de que as mulheres são mais fracas ou precisam de proteção masculina. E ela acha isso ofensivo. É claro que o homem, por sua vez, pode achar sua ofensa ofensiva e iniciar uma guerra de gênero e do politicamente correto.

A feminista pode adotar o tipo de hermenêutica que conhecemos, dizendo que o homem inconscientemente quer humilhar a mulher. Mas é desnecessário. Ela não precisa trabalhar no nível da psicologia individual. Tudo o que ela precisa dizer é que o homem se comporta dessa maneira por causa de um sistema ou conjunto de comportamentos socialmente institucionalizados, enraizados na sociedade, e que a função do sistema é rebaixar as mulheres. Isso é suficiente para que sua crítica se sustente.

Para outro exemplo desse tipo de crítica, imagine um clérigo sincero ouvindo os pecados de seus paroquianos. Ele está genuinamente chateado. Acredita que os fiéis estão pecando e teme por suas almas. Seu coração sofre. Até agora, nada errado com ele. Mas ele pode fazer parte de um sistema cuja função é um pouco mais sinistra. A Igreja que o formou talvez seja uma organização dedicada ao seu próprio poder e, como já sugerimos, controlar o sentimento de vergonha, culpa e pecado das pessoas é um instrumento de poder. Funciona melhor quando os peões, ou seja, cada um dos clérigos, não se dão conta disso, consciente ou inconscientemente.

Então, um crítico agora pode sugerir que a ética enquanto instituição (aqui devo escrever "Ética") é um sistema cuja verdadeira função é diferente do que parece. Uma feminista pode vê-la como um instrumento de opressão patriarcal. Um marxista pode vê-la como um instrumento de opressão de classe. Um nietzschiano pode vê-la como uma mentira com a qual os fracos e tímidos se consolam por sua incapacidade de viver a vida como se deve. Um filósofo francês moderno, como Michel Foucault, pode vê-la como um exercício difuso de poder e controle. De qualquer forma, ela é desmascarada.

Talvez haja bastante verdade em algumas dessas críticas. Podemos pensar em elementos locais da moralidade, em tempos e lugares específicos, que certamente se abrem a algum diagnóstico desse tipo. A paixão com que os ricos defendem o livre mercado é um convite à desconfiança. Uma moralidade – com ou sem a fachada religiosa que vimos anteriormente – que *nos* dá o direito à terra *deles* ou *nos* dá o direito de matá-los por *eles* não terem os mesmos rituais que *nós* convida a um diagnóstico semelhante. A natureza egoísta dos sistemas de religião, ou dos sistemas de castas ou dos sistemas de mercado consegue se esconder quase por completo da vista daqueles que os praticam.

Também há algo um pouco obscuro em algumas das maneiras pelas quais a moralidade às vezes se intromete na vida das pessoas. O juiz, o padre ou a congregação dos sábios e bons pode dizer às pessoas o que elas devem fazer, mas geralmente não precisa arcar com as consequências. Se a garota é proibida de fazer o aborto ou se a família não tem autorização para ajudar na eutanásia, a garota e a família têm de recolher os cacos e enfrentar tudo sozinhas. Quem lhes disse como elas deveriam se comportar pode simplesmente virar as costas. Uma lei moral imparcial às vezes é muito desigual para pessoas diferentes, e não é de admirar que as pessoas se desencantem com uma ética defendida por aqueles que não precisam vivê-la. Anatole France falou ironicamente sobre a majestosa igualdade das leis que proíbem tanto os ricos quanto os pobres de dormir embaixo da ponte, mendigar nas ruas e roubar pão.

Embora possamos aceitar exemplos desse tipo de crítica, não acho que se possa generalizá-lo para abranger toda a ética.

A razão está implícita no que já dissemos: para os seres humanos, não há vida sem padrões de viver. Isso significa que ética não é Ética: não é uma "instituição" ou organização com propósitos ocultos e sinistros que devem ser desmascarados. Não é criação de alguma conspiração oculta "deles": a Sociedade, ou o Sistema, ou o Patriarcado. De fato, existem instituições, como a Igreja ou o Estado, que tentam controlar nossos padrões, e sua natureza e função devem ser questionadas. Mas isso significa, no máximo, uma ética *diferente*. Não introduz nem pode introduzir o fim da ética.

De vez em quando, surgem movimentos para o "livre viver", baseados na ideia de dispensar as restrições e proibições da moralidade burguesa. Normalmente, significa, em primeiro lugar, amor livre – uma ambição bastante natural para alguns jovens. (Eu me lembro de que, no meu primeiro ano da universidade, entrei para uma sociedade chamada Amoralistas Teóricos, um nome que soava bem libertino. Para minha decepção, todos os outros membros eram homens. De qualquer forma, ficamos só na teoria mesmo.) Mas os experimentadores do livre viver descobrem que enfrentam um dilema. Dois modelos se repetem: ou padrões de verdade, privacidade, espaço, uso de materiais, rotinas de trabalho e tantos outros acabam por implicar direitos de propriedade e direitos relacionados a laços sexuais, ou a comunidade se esfacela. Se o cenário estiver montado de tal maneira que não possa se desfazer (o que é mais frequente na ficção do que na vida real), o que se segue é o desastre.

Os elementos centrais dos nossos padrões realmente têm uma função e podem estar ocultos dos praticantes. Uma pessoa comum pode muito bem se chocar com a quebra de uma promessa – e fica por isso mesmo. Ela não precisa refletir sobre a função do cumprimento de promessas. Mas, se chega a refletir, então o desígnio da "instituição" de cumprir promessas pode aparecer. O desígnio será mais ou menos assim: ao fazer promessas, damos uns aos outros confiança acerca daquilo que vamos fazer, permitindo, assim, que as iniciativas comuns avancem. Esse é um desígnio do qual podemos nos orgulhar; sem algo que atenda a ele, planos flexíveis para ação coordenada se tornam impossíveis. Aqui, a descrição da função oculta não é um "desmascaramento" ou uma desconstrução. Ao contrário, reforça nosso respeito pelas normas que envolvem o cumprimento das promessas. E mostra que não se trata apenas de algo por que nós, os burgueses, temos um fetiche. Como eu gosto de dizer, não é uma explicação desconcertante, mas, sim, uma explicação reconfortante.

Outros elementos centrais da moralidade não têm sequer esse tipo de explicação. São menos inventados pelos humanos do que o dispositivo de fazer promessas. A gratidão por aqueles que nos fizeram bem, a empatia por aqueles que sofrem ou estão em dificuldades, a aversão por aqueles que se deleitam infligindo dor e problemas, todas essas coisas são naturais para quase todos nós e são boas. Quase qualquer ética irá encorajá-las. Aqui não há nada a desmascarar: essas são apenas características de como a maioria de nós é e de como todos nós somos no nosso melhor. Não são o resultado de uma conspiração, não mais do que o prazer de comer ou o medo da morte: apenas definem como vivemos e como queremos viver e como queremos que os outros vivam. Nietzsche de fato tentou "desconstruir" as emoções benevolentes, denunciando-as como fracas, servis e negadoras da vida, mas a tentativa não convence e é desagradável, uma espécie de machismo de Hemingway, que acha que a empatia humana decente não é coisa de macho.

Pode haver ainda outras ameaças à ética. Às vezes nos deprimimos com o papel da sorte nas nossas vidas. Suponha que dois motoristas sigam a mesma estrada, ambos apresentando o mesmo grau de imprudência. Um chega em segurança; o outro mata uma criança que de repente cruza a pista. Essa diferença de sorte afeta o que pensamos sobre eles, o que eles pensam sobre si mesmos e até as penalidades impostas pela sociedade e pela lei. A sorte pode fazer mais para influenciar nossas vidas do que a virtude. Mas, curiosamente, as pessoas não estão dispostas a reconhecê-lo; não nos cansamos de assumir a responsabilidade, como mostra o mito do pecado original. Parece que preferimos ser culpados a ser azarados.

Uma vez mais, mesmo quando vivemos vidas benevolentes e admiradas, de acordo com os padrões dos nossos tempos, podemos temer a hipótese de que, se as coisas tivessem sido mais difíceis, hoje estaríamos ao lado dos derrotados. Se somos bons, pode ser porque nunca fomos tentados o suficiente, ou assustados o suficiente, ou desesperados o suficiente. Também podemos temer o mal inquieto que habita o coração humano.

Sabemos que nem o sucesso nem o sofrimento enobrece as pessoas. Nesse estado de espírito, podemos ficar impressionados com a incansável capacidade humana de infernizar a vida dos outros. A reação certa não é sucumbir ao estado de espírito, mas refletir que a cura está em nossas mãos.

II
Algumas ideias éticas

Na primeira seção, rebatemos alguns desafios céticos à ética. Há mais a ser dito, particularmente sobre as ameaças do relativismo, do niilismo e do ceticismo, que ainda nos espreitam. Mas, por enquanto, deixo tudo isso de lado para esboçar alguns dos elementos sobre os quais precisamos pensar. Uma ética cristalizará nossas atitudes diante dos eventos mais importantes, tais como o nascimento e a morte. Ela determinará nossa atitude diante da vida e do que vale a pena viver. Encapsulará noções de natureza humana e felicidade humana, dizendo-nos o que é uma vida humana bem vivida. E descreverá o desejo, a liberdade e nossos direitos às oportunidades e poderes de que precisamos na vida. Nenhuma dessas noções é fácil. Algumas delas são convites abertos à confusão.

8. Nascimento

Ao longo da história humana, tivemos apenas umas poucas maneiras de controlar quantas crianças nasciam e quem elas eram. Pudemos controlar o *pool* genético, até certo ponto, controlando quem acasalava com quem. Isso podia ser feito diretamente, pela simples seleção dos parceiros, ou socialmente, pelos arranjos de casamento e pelas normas que o regiam. Pudemos controlar quantas crianças nasciam, por abstinência e até mesmo por aborto. Também pudemos controlar quais dos nascidos iriam crescer, pelo infanticídio ou por padrões seletivos de criação. Isso ainda é muito mais importante do que geralmente se imagina. Amartya Sen, economista ganhador do prêmio Nobel de economia, calculou que existem mais de 100 milhões de "mulheres desaparecidas" em todo o mundo. As estatísticas da taxa de natalidade, tanto nos países desenvolvidos quanto na África subsaariana, nos dizem que deveria haver no planeta um pouco mais de mulheres do que de homens. Mas, na verdade, existem 100 milhões de mulheres vivas a menos do que poderíamos esperar – 44 milhões a menos na China e 37 milhões a menos na Índia. A diferença se deve às desigualdades no sustento e no atendimento médico, bem como ao infanticídio deliberado, fatores que, juntos, constituem o maior problema de justiça para as mulheres do mundo.

Quando usamos qualquer um desses métodos de controle, interferimos naquilo que, se não fosse nossa interferência, teria acontecido. Podemos dizer que interferimos na natureza. Se "interferir na natureza" é, como algumas pessoas sugerem, "brincar de Deus" e, portanto, errado, então sempre brincamos de Deus. Mas não é tão ruim quanto parece. Nesse sentido, também brincamos de Deus quando abrimos o guarda-chuva, interferindo na tendência natural de a chuva molhar nossa cabeça. Como seres humanos, estamos fadados a lidar com o mundo natural, fazendo acontecer coisas que, se não fosse nossa interferência, não teriam acontecido ou impedindo que aconteçam coisas que, se não fosse nossa interferência, teriam acontecido. A recriminação ao brincar de Deus não tem nenhuma força *independente*. Ou seja, as pessoas a fazem somente quando a interferência em questão as perturba. Se já determinamos que algum processo natural deve se desenrolar sem controle, ou que interferir nele seria muito arriscado ou radical, podemos usar as palavras como uma maneira de cristalizar nossa preocupação quando as pessoas se dispõem a interferir. Quando os anestésicos foram descobertos, alguns moralistas denunciaram que seu uso era ímpio. Era brincar de Deus. As lavouras geneticamente modificadas geram o mesmo debate acalorado nos dias de hoje. A questão é se a perturbação e a preocupação são bem fundamentadas. Muitos de nós pensam que não era no caso dos anestésicos, e o júri ainda está deliberando sobre as culturas geneticamente modificadas.

À medida que nossas tecnologias de controle se incrementam, as novas questões a respeito de como usá-las também se aprofundam. A questão do controle genético, em particular, arrasta consigo uma bagagem histórica hedionda: a do movimento "eugenista", com sua presunção de superioridade e pureza racial, sem mencionar o fato de se tratar de uma ciência simplista da hereditariedade. A eugenia pode parecer pronta para retornar e fazer sua vingança à medida que a ciência prossegue na revelação do código genético, criando visões frankensteinianas de seres humanos projetados, encomendando peças no supermercado do genoma. Mas essas visões são prematuras. Na Primeira Parte, vimos até que ponto a plasticidade é que manda. Portanto, a fantasia de um clone de Hitler, com ambições fascistas, bigodinho e tudo o mais, esquece o fato de que as instruções genéticas de Hitler, caso seguidas em um ambiente totalmente distinto, resultariam em uma pessoa *totalmente* distinta. Ou, mesmo se não fosse totalmente diferente, ninguém sabe quais semelhanças permaneceriam. Certamente não a língua alemã, nem a obsessão por teorias raciais, nem o interesse em política.

O conhecimento do genoma também introduz decisões e questões de controle e poder que são menos apocalípticas, embora sejam bastante perturbadoras para algumas pessoas. Se um exame puder revelar a presença de um gene para alguma doença hereditária, o exame deve ser feito? Deve ser justificativa para um aborto? Deve ser justificativa para um aborto compulsório se, por exemplo, a criança vier a exigir grandes recursos para viver? É difícil responder a essas perguntas em termos abstratos, mas o que podemos fazer é abordar um problema que hoje é muito concreto e que claramente provoca muita inquietação nesse campo: o do próprio aborto.

Neste pequeno livro, é impossível abordar todo o terreno coberto pelo debate sobre a interrupção deliberada da gravidez. Só posso indicar algumas maneiras como as questões e as técnicas filosóficas interferem no debate. Quero, em particular, demonstrar como os *slogans* prontos desse debate ocultam essas questões e a necessidade de tais técnicas.

O debate público muitas vezes é conduzido como se fosse uma questão em preto ou branco, um caso de certo ou errado absolutos. Ou você é pró-vida ou é pró-escolha. Ou você acredita no direito à vida de quem ainda não nasceu ou acredita no direito de uma mulher controlar seu próprio corpo. Uma boa primeira questão filosófica é se perguntar se essa oposição em preto ou branco não seria ilusória. Talvez ela resulte de uma lente moral que impõe seu preto ou branco a uma paisagem que tem vários tons de cinza. Afinal, o fato biológico diz que o desenvolvimento fetal é gradual. A célula original ou zigoto é muito diferente do bebê prestes a nascer. Mas a complexidade chega gradualmente, hora a hora, dia a dia.

E, então, as razões pelas quais uma mulher procura o aborto serão *mais ou menos* rigorosas e convincentes. A garota pobre de catorze anos estuprada é bem diferente da *socialite* que prefere adiar o parto para depois da temporada de esqui. E diferente também da mulher que quer abortar porque o exame pré-natal revelou que é uma menina.

Se fosse apenas uma questão de encontrar a atitude apropriada em relação ao aborto, poderíamos nos fiar nesse gradualismo. A mulher que procura um aborto tardio por causa do esqui nos pareceria insensível de uma maneira bastante perturbadora, assim como a mulher indiferente a um aborto espontâneo tardio. É claro que ela pode dizer que não é da nossa conta e, afinal, pode haver aí medos ou necessidades ocultas. Talvez seja melhor não fazermos muitos julgamentos nesses casos, mas, mesmo assim, podemos reconhecer que alguns motivos são mais convincentes do que outros. Para muitas pessoas, especialmente nos países mais liberais da Europa, um gradualismo bastante tolerante talvez seja, portanto, a solução. Mas muitas culturas, entre elas a dos Estados Unidos, abordam a questão de duas maneiras diferentes.

Primeiro, a questão é moralizada, tornando-se não apenas uma questão de empatia ou preocupação, que admite gradações, mas uma questão de quem tem *direitos*, ou do que a *justiça* exige, ou de qual é o nosso *dever*: uma questão do que é *admissível* e do que é *errado*. Essas são chamadas de noções "deontológicas", do grego *deontos*, que significa dever. Elas têm uma ponta coercitiva. Elas nos levam além do que admiramos, ou lamentamos, ou preferimos, ou mesmo queremos que as outras pessoas prefiram. Elas nos levam a pensar sobre o que se *deve*. Elas nos levam às demandas.

Segundo, a questão muitas vezes é politizada, tornando-se uma questão da lei. Isso é um passo além, porque nem todas as irregularidades são criminais – e se trata de uma questão política e, por fim, ética saber até que ponto a lei pode se intrometer nesse assunto. De fato, uma das marcas morais de uma sociedade será o limite dentro do qual a lei permite que a liberdade faça, sinta ou pense coisas erradas. Então, mesmo que sintamos que há pelo menos uma categoria de abortos que não deveria ser realizada, a questão da criminalização permanece em aberto. Esses abortos não seriam realizados em um mundo ideal, mas não é função da lei proibir e punir cada desvio do mundo ideal. Até mesmo as pessoas que desaprovam o uso do álcool podem estar cientes de que seria uma péssima ideia criminalizá-lo, como foi feito nos Estados Unidos da década de 1920.

Apenas um lado do debate achará natural levantar essa questão. Ela só parecerá natural para aqueles que pensam que se trata de uma questão semelhante à do assassinato. O feto, sob essa perspectiva, é uma pessoa e tem todos os direitos e proteções de uma pessoa. Trata-se, portanto, de uma questão deontológica e de uma questão para a lei. Mas será que isso é verdade mesmo?

O feto é uma pessoa em potencial, sem dúvida. Mas "potencial" é uma palavra perigosa. Uma flor amarela é um tipo de flor. Mas uma semente de abacate é um abacateiro em potencial, sem ser propriamente um abacateiro. Meu carro é uma sucata em potencial, mas não é uma sucata, e ser uma sucata em potencial não justifica que ninguém o trate como sucata.

O feto não é apenas uma pessoa em potencial, mas sim uma pessoa de verdade? Que tipo de pergunta é essa? Uma possibilidade é que, na descrição do feto como uma pessoa, a própria palavra "pessoa" implique uma categoria moral, de modo que, ao insistir que o feto é uma pessoa, o oponente ao aborto legal está apenas reiterando seu ponto de vista. Conclusões morais muitas vezes são *pressupostas* exatamente dessa maneira, pelos próprios termos em que a questão é levantada. Desse modo, uma pessoa é tão somente qualquer coisa que deva ser tratada como pessoa e protegida como pessoa. Mas saber se o feto é uma pessoa é exatamente a questão que está em pauta. A maneira pela qual as conclusões morais são, repetidas vezes, pressupostas por uma escolha de palavras foi observada há muito tempo pelo historiador grego Tucídides (455-400 a.C., aproximadamente). Em uma época de guerra civil, ele escreveu:

> *Para se adequarem às mudanças nos acontecimentos, as palavras também tiveram de mudar seus significados costumeiros. O que se costumava descrever como um ato impensado de agressão agora era a coragem que se esperaria encontrar; pensar no futuro e esperar era simplesmente outra maneira de dizer que alguém era covarde; qualquer ideia de moderação era apenas uma tentativa de disfarçar um caráter pouco viril; a capacidade de compreender uma questão por todos os lados significava total incapacidade para a ação.*

Voltando ao aborto, devemos observar que o *slogan* da camiseta do direito da mulher ao controle do próprio corpo aborda a questão pelo outro lado, mas de maneira similar: os modos pelos quais podemos controlar nosso corpo podem muito bem se submeter às outras pessoas que dependem dele. Portanto, se o feto é uma pessoa, esse direito será restrito. Se um assassino está à solta, meu direito geral a falar é anulado pelo fato de que sua vida depende do meu silêncio.

Os direitos são coisas complicadas, como veremos mais adiante na seção 15. Em um dos artigos mais famosos desse debate, Judith Jarvis Thomson compara a situação de uma grávida à de alguém que, um belo dia, acorda e de repente encontra outra pessoa ligada a seu corpo e dependente dele para sobreviver. Ela argumenta que o "direito à vida" da pessoa dependente não implica o direito a demandas ilimitadas a outras pessoas, entre elas a demanda de que o corpo que a nutre continue a nutri-la. O valor da analogia foi contestado, mas o argumento introduz a importante distinção entre o direito à vida e o direito ao tempo, ao trabalho ou à energia de outros que por acaso sejam necessários para sustentar essa vida.

Suponha, então, que procuremos marcas de crescente aproximação à noção de pessoa. Vamos encontrá-las em diferentes estágios. Podemos procurar o desenvolvimento de um cérebro funcional, ou a capacidade de sentir "desconfortos" ou de realizar movimentos que pelo menos se assemelhem ao comportamento que nas pessoas expressa dor. O feto não é, contudo, um sujeito com planos, intenções, medos, lembranças ou autoconsciência, elementos que fazem parte de nossa personalidade adulta. Esses vêm depois. E, então, parece que não há lugar onde traçar justificadamente uma linha. O feto e o bebê continuam se tornando *cada vez mais* uma pessoa. A natureza é gradual, do começo ao fim.

Um argumento ruim com que se deve ter cuidado agora tem a seguinte forma: "Se não há lugar onde traçar justificadamente uma linha, devemos traçá-la *aqui* – no exato momento da concepção"; ou, se você está do lado da mulher que reivindica o direito de controlar o próprio corpo, "devemos traçá-la somente *lá* – no momento do nascimento". A ideia é que qualquer outro lugar seria uma "ladeira escorregadia". Se você diz que abortar é assassinar uma pessoa de cinco meses, por que não quatro meses e três semanas? Ou quatro meses e duas semanas? Ou seis meses?

É preciso resistir ao raciocínio da "ladeira escorregadia", não apenas aqui, mas em toda parte. Um bom exemplo é o paradoxo do careca, conhecido como Paradoxo do Monte. Um homem sem cabelo na cabeça é careca. Um homem careca nunca deixa de ser careca pela adição de apenas um fio de cabelo. Portanto, adicionando um fio de cada vez, um homem com, digamos, cem mil fios de cabelo na cabeça será careca. Mas isso é falso! Tal homem é o oposto do careca. Esse tipo de paradoxo ocupa bastante o tempo dos lógicos, mas, em contextos morais e legais, não tem força. Considere a imposição de um limite de velocidade. Escolhemos um limite preciso, digamos, 50 quilômetros por hora, e fazemos disso uma lei. Nós não acreditamos de verdade que 49 quilômetros por hora seja uma velocidade sempre segura, nem que 51 quilômetros por hora não seja. Mas não daríamos atenção a alguém que dissesse: "não há lugar onde traçar justificadamente uma linha, portanto não podemos estabelecer um limite de velocidade". Tampouco ouviríamos o argumento de Sorites, forçando o limite sempre para cima ou sempre para zero. Portanto, se achamos que a questão do aborto precisa ser moralizada e politizada, nada nos impede de fixar um prazo específico da gravidez além do qual o aborto geralmente é proibido. Esse prazo não terá uma fundamentação metafísica firme, mas, assim como o limite de velocidade, talvez nem precise disso.

Para voltar à questão de saber se o feto é uma pessoa, considere o evento de um aborto natural. A natureza não é particularmente econômica com esses casos: eles são bastante comuns no início da gravidez e podem ser muito comuns nos primeiros dias, quando nem são necessariamente notados. Podem ser muito dolorosos, dependendo das esperanças que foram investidas na gravidez. Mas não são dolorosos do mesmo jeito que a morte de uma pessoa. Pais que perdem um filho enfrentam uma das piores experiências pelas quais alguém pode passar. Há alguém para prantear, alguém que teve uma vida com esperanças e sonhos. Mas uma futura mãe que sofre um aborto precoce não tem alguém para prantear. Ela pode chorar a perda *do que poderia ter sido* e pode sofrer por suas próprias esperanças e planos perdidos. Mas não chegou a conhecer uma pessoa *de verdade* que então se perdeu (isso pode mudar no final da gravidez, quando a criança "se dá a conhecer"). Por esse motivo, embora mereça toda compaixão, ela não se encontra na mesma categoria da mãe que perde um filho. Também por isso, até mesmo as culturas que proíbem o aborto não insistem que se realize um funeral completo para um feto morto. O fato de não se ter conseguido chegar a um nascimento na família não é uma morte na família.

O gradualismo não se encaixa bem com as noções deontológicas, que têm um quê de tudo ou nada. O gradualismo se encaixa melhor com noções de coisas que estão indo mais ou menos bem, ou pessoas que se comportam de maneira mais ou menos admirável, que são mais ou menos egoístas ou insensíveis. Talvez pensemos que seja melhor trabalhar nos termos dessas noções. Mas, quando aparecem as questões da vida e da morte, é difícil (para muitas pessoas – mas a posição delas é defensável?) continuar sendo gradualista.

De qualquer forma, o que há de tão ruim na morte?

9. Morte

O filósofo grego Epicuro dizia que a morte não devia ser temida.

> *A morte não é nada para nós, pois o que se dissolve não tem sensação, e aquilo que não tem sensação não é nada para nós.*

Os estoicos trouxeram reforços para esse argumento bastante simples. O primeiro consistia em comparar nosso estado de inexistência depois da morte com nosso estado de inexistência antes do nascimento – e não havia nada a temer nisso, certo? O segundo era insistir no desaparecimento do tempo: a morte é a mesma para quem morreu ontem e para quem morreu séculos atrás. Essa é a única maneira de compreender a "eternidade": para o sujeito, a morte não tem duração alguma. O poeta Andrew Marvell pode ter azucrinado sua relutante amada lembrando-a de que "Yonder all before us lie / deserts of vast eternity" [Para além de todos nós se estendem / desertos de vasta eternidade], mas esses são desertos que ninguém (nunca) cruza. Em outras palavras, "estado de estar morto" é uma expressão imprópria. O fato de Kant estar morto não é o fato de que Kant está em algum estado misterioso e assim permanecerá por muito, muito tempo. É o fato de que Kant não existe mais. A morte não é o estado *de* uma pessoa. Não é "nada para nós" porque não existimos mais. Não é um tipo de vida, seja pacífica, serena, reconciliada, satisfeita, fria, solitária, sombria ou qualquer outra.

Muitas vezes se sente que a morte é um enigma, quem sabe o mistério derradeiro (veja a Figura 5). Por quê? A vida é misteriosa, pois levanta questões científicas. Mas aí temos as ciências da vida para nos ajudar. Os processos autossustentáveis da vida são razoavelmente compreendidos. São facilmente interrompidos e têm duração finita. Quando chega a hora, eles cessam e o que antes estava vivo – fosse uma folha, uma rosa, uma pessoa – morre. Não há nenhum mistério nisso, para além do desvendamento de sua química e biologia.

A morte só pode ser considerada misteriosa quando tentamos compreendê-la *imaginando-a*. E, então, estaremos imaginando "como ela será para *mim*". Mas a morte não é parecida com nada para mim, não porque seja misteriosamente distinta das coisas que conheci até agora, mas porque não resta nenhum "eu".

É claro que isso só acontece quando nos negamos o consolo de uma vida após a morte. Para muitas pessoas, um dos atrativos das grandes religiões é a promessa de uma vida assim: um estado de ser transformado, para melhor ou para pior. A ética é uma das motivações para essa crença. A vida aqui é injusta e intolerável. Então, deve existir uma vida melhor em outro lugar.

5. William Blake, "The Soul Exploring the Recesses of the Grave" [A alma explorando os recessos do túmulo].

Ou, em outra versão: é intolerável que o homem injusto encontre a felicidade e o sucesso, enquanto o homem justo encontra a miséria e o fracasso. Então, deve existir outra arena onde a justiça se restabeleça. Ou, ainda: é intolerável que algumas pessoas, sem que sejam por si mesmas culpadas de nada, nasçam para vidas de carência e miséria. Então, elas devem estar sendo punidas por alguma falta em uma vida anterior. Tais argumentos soam, suspeitosamente, como projeções de um desejo, e não como raciocínios sólidos. Sua forma é: "Aqui as coisas são intoleráveis em algum aspecto, então devem ser melhores em outro lugar". Mas, a menos que estejamos convencidos do propósito divino, a verdade talvez seja que a vida é mesmo intolerável nesses vários aspectos, e fim de papo. Ainda assim, como David Hume (1711-1776) argumentou, mesmo se estivermos *de fato* convencidos do propósito divino, só pode haver uma fonte que dê evidência daquilo que ele quer: o que encontramos no mundo ao nosso redor. Então, se a vida aqui é injusta e intolerável, a única inferência sustentável é que a Divindade quer uma boa dose de coisas injustas e intoleráveis. Jó se rediu no final, mas muitos homens justos e retos não se redimem (veja a Figura 6).

Muitos filósofos argumentam, e eu concordo, que a crença na vida após a morte implica uma metafísica indefensável: uma imagem falsa de como nós, enquanto pessoas, nos relacionamos com nosso corpo físico. Essa imagem retrata uma alma apenas acidental e temporariamente alojada em um corpo, como uma pessoa dentro de um carro. Mas muitos filósofos

6. William Blake, "The Just Upright Man is Laughed to Scorn" [Ri-se e escarnece-se do justo], das *Illustrations of the Book of Job* [Ilustrações do Livro de Jó]. Blake retrata Jó suportando o escárnio, mas o olhar oblíquo de seus detratores mostra que são cegos para suas virtudes.

pensam que a distinção entre mente e corpo seria muito mais sutil. Eles dizem que seria algo mais parecido com a distinção entre o programa de computador e a máquina na qual é executado. Existe alguma distinção, por certo, mas não a ponto de nos permitir imaginar um *software* rodando sem nenhum *hardware*.

Quando se abandona a crença na vida após a morte, os estoicos parecem claramente certos ao dizer que não se deve temer a morte. Ainda assim, precisamos desambiguizar algumas coisas. A morte de Kant foi um evento e aconteceu com Kant. Foi o fim do morrer de Kant. Nesse sentido, infelizmente, quando a morte chega, ainda existimos, pois temos de cumprir a tarefa de morrer. É apenas ao final do processo que não há sujeito do processo. E podemos, com razão, temer o processo. Todos temos a esperança de partir rápido, tranquilamente, sem dor e com dignidade. Não queremos morrer sentindo dor nem terror. Gostamos do fato de as pessoas terem o cuidado de facilitar a morte. E rimos nervosamente dos relatos sobre médicos que idiotamente se recusam a prescrever analgésicos para os moribundos, alegando que eles correm o risco de ficar viciados.

No entanto, como disse Woody Allen: "Eu não acharia muito ruim morrer se no final do processo eu não saísse morto". Diante da escolha entre morrer e passar pelo mesmo processo só até o momento exato, quase todos nós, quando nos recuperássemos, escolheríamos a segunda opção. Seria ruim, claro, mas não tão ruim quanto a primeira. Talvez, no fundo, não concordemos com os estoicos. O que nos preocupa não é exatamente o processo de morrer, mas a aniquilação que vem depois.

Algumas pessoas temem a aniquilação com mais intensidade quanto mais desfrutam a vida. Outras vão ficando mais retraídas e amedrontadas à medida que a idade embota até mesmo seus prazeres. De um jeito ou de outro, quando olhamos adiante, muitas vezes desejamos e preferimos mais tempo em boa companhia, belos jantares, *shows* e sexo. Se sofrêssemos apenas o pseudomorrer, uma vez recuperados, talvez aproveitássemos melhor o tempo extra. Podemos lamentar o que nunca chegaremos a fazer. De maneira similar, a morte de uma criança é um evento mais comovente que a de um adulto, por causa de tudo que a criança nunca desfrutou e nunca fez.

Há um heroísmo meio falso na postura que garante que a morte não é um mal. Se não é um mal, então parece haver um corolário, pelo qual se poderia dizer que não há nada de especialmente ruim em matar; ou, se há algo ruim em matar, é porque seria ruim para os parentes e amigos. No entanto, a interdição de matar tem um lugar central em quase toda moralidade. Mesmo em sociedades que permitem alguns assassinatos – eutanásia, infanticídio, execução de criminosos, prisioneiros de guerra ou oponentes políticos –, os limites são rígidos. Os lugares onde esses limites se decompuseram mais ou menos inteiramente são os lugares onde a sociedade se esfacelou.

Talvez seja bem fácil entender por que causar a morte de alguém deve ser o crime que de fato é. Se uma pessoa pode transgredir essa regra, fica parecendo que tudo é permitido. Mas e a morte desejada, como o suicídio ou a eutanásia? Talvez o argumento mais sério contra essas mortes seja: se forem uma opção legítima, as pessoas sentir-se-ão atraídas por essas opções ou pressionadas a aceitá-las por outras pessoas que se beneficiarão de seu desaparecimento. Por isso, é melhor educar as pessoas na crença de que essas mortes não são uma opção, pois, caso contrário, aqueles que estiverem se aproximando lentamente do fim serão pressionados a acelerar as coisas. Eu mesmo não consigo ver esse argumento como algo muito poderoso. Parentes e provedores podem, de fato, convencer idosos e incapazes a fazer todo tipo de coisa contra sua vontade. Mas a ideia de que as pessoas mais próximas a você ficariam aliviadas com sua morte é, de toda maneira, um infortúnio terrível, havendo ou não a opção de consentir. O mal parece pequeno e controlável se comparado ao término indolor de muitos dos piores tipos de sofrimento. Como muitas vezes se diz, em muitos países, entre eles a Inglaterra e os Estados Unidos, você pode ser processado por aliviar o sofrimento de uma pessoa em estado terminal e também pode ser processado por *não* aliviar o sofrimento de um animal com eutanásia. Por que o animal não humano merece melhor destino que o animal humano?

Uma questão que muito atormenta os filósofos morais é a distinção entre matar e deixar morrer. Alguns códigos da prática médica se valem da antiga injunção: "Não matarás, mas não precisarás se esforçar oficiosamente para manter vivo". A contestação à eutanásia dentro da medicina muitas vezes cita a "reviravolta" que um médico enfrenta quando, formado e acostumado a salvar vidas, é subitamente solicitado a encerrá-las.

Segundo esse raciocínio, se uma criança nasce com uma deficiência terrível e precisa de apoio externo para viver, ou se uma pessoa está morrendo e sua vida depende de apoio externo, seria errado administrar uma injeção letal, mas tudo bem não fazer nada para sustentar suas vidas e ficar só esperando. Isso pode aliviar algumas consciências, mas é muito questionável que o faça, uma vez que muitas vezes condena o sujeito a uma morte lenta e dolorosa, sem conseguir respirar ou morrendo de sede, enquanto aqueles que poderiam fazer alguma coisa ficam de braços cruzados, recusando-se a proporcionar uma morte misericordiosa. Ninguém desejaria isso para si mesmo, nem para seus entes queridos. Parte dessa controvérsia é saber se essa recusa, por si só, consistiria não apenas em deixar morrer, mas também em matar. Se eu sequestrar uma pessoa e fechá-la na minha masmorra, não estou cometendo assassinato. Mas se eu lhe recusar comida, não a estou matando? Nesse caso, sou responsável por essa pessoa que depende de mim. Suponha que você acabou de se descobrir em uma situação na qual depende de mim. Suponha que, por azar, você esteja na minha masmorra. Recusar comida vai parecer tão ruim ou pior do que atirar em você.

Paralelamente, vemos aqui questões fascinantes sobre o que causa o quê. Lembremos da velha história sobre um homem prestes a atravessar um deserto. Ele tem dois inimigos. À noite, o primeiro inimigo entra em sua cabana e põe estricnina em sua garrafa d'água. Horas depois, na mesma noite, sem saber de nada, o segundo inimigo entra em sua cabana e faz um furinho na garrafa. O homem sai a viajar pelo deserto; quando chega a hora de beber água, não tem nada na garrafa de água e ele morre de sede.

Quem o matou? O advogado de defesa do primeiro inimigo tem um argumento sólido: meu cliente admite que tentou envenenar o homem, mas fracassou, pois a vítima não tomou veneno. O advogado de defesa do segundo inimigo tem um argumento igualmente poderoso: meu cliente admite que tentou deixar o homem sem água, mas fracassou, pois apenas deixou o homem sem estricnina, e não se mata ninguém fazendo isso.

Como quer que resolvamos esse impasse, o pensamento ético precisará de alguma distinção entre o que permitimos que aconteça e o que realmente causamos. Esses casos mostram quão frágil essa distinção pode ser. A distinção se encaixa em uma mentalidade deontológica, insistindo que é aquilo que *fazemos* que levanta questões de certo e errado, justiça e dever. É como se aquilo que *permitimos* que aconteça, ou que aconteceria de qualquer maneira, sem nossa intervenção, não constasse de nosso histórico de antecedentes criminais. É por isso que parece tão importante decidir qual dos inimigos matou o viajante. Mas é mais a lei ou a ética que precisa desses vereditos rígidos? Voltando à questão da eutanásia, será que deveríamos mesmo admirar o médico que espera a natureza seguir seu curso, e não aquele disposto a desligar as máquinas? Não deveria ser apenas uma questão de garantir que a vida – e até mesmo a parte da vida que se encaminha para o fim – fosse melhor?

10. O desejo e o sentido da vida

Alguns moralistas dizem que a vida "autêntica" significa não apenas lembrar que um dia morreremos, mas de alguma forma viver em constante consciência desse fato, "viver até a morte". O poeta John Donne chegou a pintar seu autorretrato vestindo uma mortalha, antecipando esperançosamente a maneira como encararia o Juízo Final. Mas a maioria de nós não acha que a preocupação de Donne seja particularmente saudável. De fato, esse clima só prevalece em condições de instabilidade social ou impotência política, correspondendo à voga do pessimismo e do suicídio entre a *intelligentsia*. Mas é difícil discutir com o clima geral: quando o poeta se apaixona pela morte reconfortante ou se sente enojado com o carnaval humano, talvez ele precise de uma mudança de governo, de um tônico ou de umas férias, não de uma discussão.

O clima de obsessão pela morte pode recair no perigo da inconsistência. É inconsistente, por exemplo, insistir que a morte seja em si mesma perfeitamente justa, até um privilégio, quando o que torna a vida sem sentido e ilusória é o fato de ela terminar na morte. Por que isso seria um problema, se a própria morte é invejável?

Embora os estoicos argumentassem que a morte não devia ser temida, eles não incentivavam um desassossego mórbido diante dela. Pelo contrário, como implica o uso moderno de seus nomes, sua mensagem era de coragem e resignação, ou de fatalismo diante do inevitável desenrolar dos acontecimentos. Sua atitude está enraizada em uma das conotações populares da palavra "filosofia", como no comentário de uma pessoa sobre o infortúnio de outra: "Você precisa ser mais filosófico – simplesmente não pense nisso". P. G. Wodehouse provavelmente teve a última palavra sobre esse aspecto dos estoicos. Jeeves está consolando Bertie:

> *– Gostaria de chamar sua atenção para uma observação do imperador Marco Aurélio. Ele disse: "Algo o acometeu? É bom. É parte do destino do Universo que lhe foi reservado desde o início. Tudo o que lhe acontece faz parte do grande plano".*
>
> *Suspirei um tanto ruidosamente*
>
> *– Ele disse isso mesmo?*
>
> *– Sim, senhor.*
>
> *– Bem, pode lhe dizer, de minha parte, que ele é um idiota. Minhas malas estão prontas?*

Bertie comenta judiciosamente pouco depois: "Duvido, aliás, que o material de Marco Aurélio deva ser dado às tropas no momento em que elas acabam de bater o dedinho do pé no tijolo do destino. É melhor esperar que a agonia se atenue".

Filósofos e poetas que tentam nos reconciliar com a morte geralmente o fazem não com argumentos tão lapidares quanto os estoicos, nem com o fatalismo estoico, mas, pelo contrário, lastimando-se sobre a própria vida. Todos nós já ouvimos a sofrida ladainha. O mundo humano não é nada mais que conflito, desordem e instabilidade. A vida é fastidiosa, um fardo. As esperanças são ilusórias e os prazeres, vazios. O desejo é infinito e inquieto; gratificação não traz nenhuma paz.

Carpe diem (aproveite o dia) – mas você não consegue aproveitar o dia, pois ele desaparece no passado enquanto você tenta aproveitá-lo. Tudo cai no abismo, nada é estável; palácios e impérios se desfazem em pó, o universo esfria e, no final, tudo será esquecido.

> *Vaidade das vaidades, diz o pregador, vaidade das vaidades! Tudo é vaidade. Que proveito tira o homem de todo o trabalho com que se fadiga debaixo do sol?*

Devemos, além de tudo, invejar os mortos. A morte é um luxo. Melhor seria nem ter nascido, mas, como já nascemos, melhor morrer logo.

O perigo aqui é aquilo que o filósofo George Berkeley (1685-1753) chamou de vício da abstração, ou "a rede fina e sutil de ideias abstratas que tão miseravelmente desorientou e enredou a mente dos homens". É muito mais fácil lamentar o vazio da natureza e as inconsistências do desejo quando estamos fora de foco, mantendo os termos da discussão totalmente abstratos. Assim, soa triste que a satisfação do desejo seja passageira e que o próprio desejo seja mutável e propenso a gerar apenas mais insatisfações. Mas será que realmente é algo a se lamentar? Pensando concretamente, suponha que desejamos um bom jantar e que o estejamos desfrutando. Será que acabaria com nosso prazer refletir que esse deleite é passageiro (não apreciaremos esse jantar para sempre), ou que o desejo de um bom jantar é mutável (em breve não sentiremos fome) e apenas temporariamente satisfeito (desejaremos jantar de novo amanhã)? As coisas não seriam melhores se sempre quiséssemos jantar, ou se nunca mais o quiséssemos depois de jantarmos uma vez, ou se o jantar durasse a vida inteira. Nenhuma dessas coisas parece remotamente desejável, então por que se preocupar com o fato de que não aconteçam?

Quando o clima pessimista entra em foco, ele consegue se concentrar em desejos problemáticos, como o desejo de riqueza ou, quem sabe, o desejo erótico. É fácil argumentar que é intrinsecamente impossível satisfazer esses desejos, pelo menos para algumas pessoas por algum tempo. A conquista da riqueza muitas vezes nos traz a demanda por mais, ou a incapacidade de desfrutar o que temos. A pobreza certamente pode destruir nosso bem-estar, mas um rápido vislumbre da vida dos ricos não sugere que mais riquezas o aumentem infinitamente. Muitas pessoas no mundo estão muito mais ricas do que eram, mas será que estão mais felizes? Algumas medidas sociais relevantes, como as taxas de suicídio, sugerem o contrário. Os guetos murados e vigiados dos ricos não testemunham exatamente vidas felizes e invejáveis. E, de acordo com Veblen, podemos esperar que o aumento da renda nacional simplesmente eleve a linha de base da qual a vaidade exige que os ricos se diferenciem. Essa é uma das coisas mais sombrias da sombria ciência da economia.

O outro trunfo dos pessimistas, o desejo erótico, é sabidamente incerto e inquieto, capaz de oferecer satisfações apenas parciais. Talvez nunca cheguemos a possuir outra pessoa tanto quanto realmente desejamos. A arte teve pouca dificuldade de

7. Richard Hamilton, *What Is It that Makes Today's Homes So Different, So Appealing?* [O que faz as casas de hoje serem tão diferentes, tão atraentes?].

ligar o desejo erótico ao desejo de morte e aniquilação. O próprio amor é um tipo de morte – os amantes são acometidos e atravessados. Nessa tradição, os langores do amor, e especialmente o orgasmo (em francês, *une petite mort*, "uma pequena morte"), são símbolos da verdadeira morte. Diz-se que as mortes em obras como *Tristão e Isolda* ou *Romeu e Julieta* indicam o desejo oculto dos amantes de extinção acompanhada. Na arte, é extraordinariamente perigoso ser uma mulher apaixonada, como nos lembra a interminável procissão de Ofélias, Violettas, Toscas e Mimis.

É muito deprimente supor que até *eros* (o desejo) seja infectado por *thanatos* (a morte). Mas, talvez, o vício da abstração esteja de novo em ação. Se nos concentramos em algumas obras de arte, acabamos por concluir que "o desejo erótico tem a morte em seu centro". Mas não paramos para refletir que era o artista que precisava do tema dos amantes condenados, suprimindo qualquer referência a prazeres e contentamentos comuns e cotidianos. O artista tem boas razões para vestir João e Maria com os trajes de Romeu e Julieta. Mas João e Maria provavelmente são bem mais alegres. A perdição não é inevitável e, em geral, não é desejada.

Da mesma maneira, também estamos fazendo abstrações quando perguntamos se a vida, em bloco, como uma massa única, "tem sentido", imaginando, quem sabe, alguma testemunha externa, que podemos até ser nós mesmos do além-túmulo, olhando para trás. Podemos nos preocupar com a possibilidade de a testemunha ter todo o tempo e espaço à vista, e assim nossa vida encolher até virar nada, apenas um fragmento insignificante e infinitesimal do todo. "O silêncio desses espaços infinitos me aterroriza", disse Blaise Pascal (1623-1662).

Mas Frank Ramsey (1903-1930), filósofo de Cambridge, respondeu:

O ponto em que pareço diferir de alguns de meus amigos é no atribuir pouca importância à dimensão física. Não me sinto nem um pouco humilde diante da vastidão do céu. As estrelas podem ser imensas, mas não conseguem pensar nem amar; e essas são qualidades que me impressionam muito mais do que o tamanho. Não tenho mérito nenhum por pesar mais de cem quilos.

Minha imagem do mundo é desenhada em perspectiva, e não como um modelo em escala. Em primeiro plano estão os seres humanos, e as estrelas são pequeninas como moedas de um centavo.

Quando nos perguntamos se a vida tem sentido, a primeira pergunta deve ser: tem sentido para quem? Para uma testemunha com todo o tempo e o espaço à vista, nada na escala humana terá significado (é difícil imaginar como isso poderia ser visível – tem *um monte* de tempo e espaço por aí). Mas por que nossa insignificância nessa perspectiva pesa tanto sobre nós? Suponha, em vez disso, um espectador mais pé no chão. Alguém que dedica a vida a algum objetivo, como a cura do câncer, pode se perguntar se sua vida tem sentido, e sua preocupação será se sua vida tem sentido para aqueles em benefício de quem está trabalhando. Ele perguntar-se-á essas coisas mesmo se seu trabalho for bem-sucedido, ou se a geração seguinte se lembrar de suas contribuições. Para algumas pessoas, a ideia de seus esforços acabarem fracassando e elas não se tornarem memoráveis é extremamente dolorosa. Outras pessoas conseguem lidar muito bem com isso: afinal, pouca, pouquíssima gente no mundo deixa feitos que merecem a admiração perene da geração seguinte, muito menos das gerações depois dela. Infelizmente, isso vale até mesmo para os departamentos de filosofia.

Talvez possamos nos colocar na posição de juiz: cada um de nós pode perguntar se a vida tem sentido *para si mesmo*, aqui e agora. A resposta, então, irá depender de muitas coisas. A vida é um fluxo de eventos vividos dentro dos quais muitas vezes há bastante significado – para nós mesmos e para aqueles que estão conosco. O arquiteto Le Corbusier disse que Deus está nos detalhes, o que também se aplica ao sentido da vida para nós, aqui, agora. O sorriso do filho significa tudo para a mãe, o toque significa êxtase para o amante, a resolução da frase significa felicidade para o escritor. O significado vem com a entrega e o prazer, o fluxo de detalhes que são importantes para nós. O problema da vida é que ela tem significado demais. Sob outros climas, porém, tudo fica muito pesado. Como Hamlet, ficamos determinados a nos esquivar da alegria e ver apenas os ossos sob a pele. É triste quando nos vemos assim – e, uma vez mais, precisamos mais de um tônico que de uma discussão. O único bom argumento é, na famosa frase de David Hume, que não há como se fazer útil ou agradável para si e para os outros.

11. Prazer

Com o início, o fim e o significado da vida em mãos, podemos pensar em como ela deve ser vivida. E podemos fazê-lo de diferentes maneiras. A primeira é esboçar alguma concepção da vida boa, o *summum bonum* (o sumo bem, o bem maior). Imaginamos uma vida ideal e vamos preenchendo os detalhes: talvez seja uma vida feliz, uma vida alegre, que contenha realizações no amor, nas amizades e no trabalho, que não tenha desejos impossíveis de realizar e que seja suficiente em si mesma. Uma vida *invejável* ou, se a palavra soar meio negativa, uma vida *admirável*. É a vida que Aristóteles (384-322 a.C.) chamou de *eudaimonia*.

O termo geralmente é traduzido como "felicidade", mas existem aí algumas armadilhas. Na mente moderna, a felicidade muitas vezes é compreendida como um estado de prazer puramente "subjetivo" ou interno. Uma vida feliz seria uma sequência de sensações interiores satisfatórias. Era assim que pensava o filósofo Jeremy Bentham (1748-1832), o principal fundador do utilitarismo. Ele acreditava que o prazer podia ser mensurado a partir de vários fatores: sua intensidade subjetiva, sua duração, sua probabilidade de acontecer, sua proximidade ou afastamento de um agente no tempo e seu efeito na produção ou inibição de outros prazeres. Efetuando-se o cálculo de todas as partes afetadas, seria possível simplesmente concluir qual curso de ação produziria (provavelmente) mais prazer e menos dor. Essa seria, portanto, a coisa certa a se fazer: na famosa frase, seria o ato que provavelmente produziria "a maior felicidade para o maior número de pessoas".

Há algo um tanto desalentador na imagem de Bentham. Ela sugere uma vida de hedonismo monótono, digna apenas para os porcos. E, certamente, é "muito melhor Sócrates insatisfeito que um porco satisfeito". Mas é possível rebater essa crítica. John Stuart Mill (1806-1873), seguidor de Bentham, argumentou que é o crítico que insinua que os seres humanos não são melhores que os porcos. Pois é o crítico que supõe que nossos únicos prazeres sejam os da sensação animal. Uma imagem mais otimista nos lembra dos prazeres da amizade, da realização, da arte, da música, da conversa socrática e da descoberta. Mill tinha a visão um tanto vitoriana de que as pessoas que experimentavam esses prazeres elevados inevitavelmente os preferiam a qualquer outro. Ele poderia ter dito que isso significava apenas que tais prazeres eram mais agradáveis, mas turvou as águas ao introduzir a nova dimensão da "qualidade" do prazer. Trata-se de uma traição a Bentham, pois apresenta outra fonte de valor que não o prazer em si, como se, depois de dizer que o preço é a única medida do valor de uma pintura, você emendasse dizendo que algumas pinturas caras têm menos valor do que outras mais baratas. O próprio Bentham só admitiria a noção da "qualidade" do prazer na medida em que alguns prazeres abrem caminho para prazeres ainda maiores, ao passo que outros seguem a trilha das misérias. Permanece, no entanto, o ponto central de Mill, segundo o qual qualquer pessoa que se concentre na felicidade ou no prazer pode se lembrar da indefinida variedade de coisas das quais os seres humanos desfrutam, ou da indefinida variedade de coisas das quais gostam.

A ambição de Bentham de estabelecer um "cálculo de felicidade" – uma maneira científica de medir o que importa nas decisões – foi herdada pela economia. Mas é da natureza dos prazeres resistir à mensuração: as intensidades subjetivas dos diferentes prazeres parecem incomparáveis, mesmo para uma mesma pessoa – e, entre pessoas e épocas distintas, o problema fica ainda pior. Uma alternativa mais viável seria tentar medir quanto as pessoas querem as coisas e, em seguida, avaliar como vai essa vida verificando quantos de seus desejos foram satisfeitos. No entanto, não é preciso ser muito elevado para rejeitar também essa medida. Uma vida de contínua satisfação dos desejos talvez seja melhor do que uma vida na qual esses desejos não foram satisfeitos. Mas e se os desejos forem indignos, desprezíveis, estimulados por falsas promessas e seduções, motivados pela vaidade e pela autoestima? E se sua satisfação virar pó? Será que as coisas vão melhor quando as pessoas satisfazem desejos triviais, induzidos sobretudo pela manipulação de seus medos e fantasias? E a satisfação do viciado em jogo ou drogas?

Isso nos leva à alternativa aristotélica a Bentham. Para Aristóteles, uma longa sucessão de sensações internas prazerosas não constitui felicidade genuína, ou *eudaimonia*. "Sensações internas" podem muito bem ser geradas e mantidas por uma vida no paraíso dos tolos. Nesse sentido, uma pessoa pode ser feliz mesmo quando seus desejos não são realizados, pois talvez ela nem o perceba, ou talvez seu prazer derive de enganos e mal-entendidos. Seu parceiro a trai, mas ela não sabe; seus filhos fracassam, mas lhe dizem que têm sucesso; ela acredita que os outros a admiram, mas eles riem pelas suas costas. Ela espera alegremente o Paraíso, mas o Paraíso não existe. Se alguém morrer assim, Bentham dirá que sua vida foi feliz. Mas, no sentido de Aristóteles, essa pessoa não morreu feliz.

8. William Hogarth, *The Cock Fight* [A briga de galo].

Sua vida não foi invejável nem admirável. Não é uma vida que desejaríamos para nós mesmos. Quando ignoramos as coisas ou somos enganados, o veredicto aristotélico, olhando para trás, sentencia que pensávamos que éramos felizes quando, na verdade, não éramos. Tivemos uma ilusão de felicidade. A verdadeira felicidade, nesse sentido, requer uma relação correta com o nosso mundo. Não pode ser obtida pelo mero despertar de sensações internas. Do mesmo modo, uma sucessão de prazeres, uma vida de interminável liberação de endorfinas, quem sabe por meio de alguma estimulação química, não seria uma vida de felicidade aristotélica. Não é algo que possamos admirar, invejar ou desejar para aqueles com cuja felicidade nos importamos.

A alternativa aristotélica requer envolvimento com o mundo. Requer raciocínio e atividade. Requer compromisso com os outros e, especialmente, requer amor e amizade de verdade. Para Aristóteles, isso ocorre porque temos um *telos* ou "fim". É o "propósito" e, portanto, o "bem" dos seres humanos levar certo tipo de vida social. A comparação essencial é com a saúde. O *telos* de uma coisa viva é viver o que configura uma vida saudável para as coisas de seu tipo. Nosso *telos*, portanto, será viver o que configura uma vida saudável para os seres humanos, nossa vida "natural" ou "pretendida".

Talvez nos seja difícil recuperar o senso de propósito que Aristóteles incorporou à natureza. Mas podemos nos dar algo semelhante por meio da ideia de função biológica. A vida saudável será aquela em que cada coisa funciona da maneira que a evolução a adaptou para funcionar. Essa é a vida "pretendida" para um organismo biológico. É a vida de acordo com a "lei natural" da vida humana.

É preciso dizer que todos esses conceitos são muito problemáticos. Algumas pessoas pensam que a "lei natural" da vida humana é uma competição feroz, com pouco espaço para virtudes como o altruísmo e a justiça. É muito difícil recuperar qualquer noção robusta do que a natureza planeja para nós, dada a plasticidade do ambiente e da cultura que já mencionamos. Além disso, estamos acostumados à ideia de que boa parte da vida moderna "não é natural" – mas, exatamente por essa razão, é melhor do que qualquer coisa mais parecida com a natureza. Poucos de nós gostariam de voltar a ser caçadores-coletores. Livros, *shows* e bicicletas não são naturais, mas fazem parte de uma vida boa. Por outro lado, não há nada particularmente virtuoso em nos limitarmos a dietas "naturais" ou a modos "naturais" de nos locomover, morar ou fazer sexo.

Poderíamos expandir nosso conceito de natural, argumentando, por exemplo, que, como a natureza nos equipou com uma enorme inteligência de aplicação geral, qualquer coisa produzida pelo uso dessa inteligência deve ser considerada natural e, portanto, saudável. Assim como todas as línguas são igualmente naturais, todas as expressões da inteligência

9. Michael Leunig, "Gardens of the Human Condition" [Jardins da condição humana].

também o são. Mas isso não chega a selecionar alguns prazeres ou algumas maneiras de viver especialmente saudáveis para os seres humanos. Nossas inteligências podem nos levar à destruição de nós mesmos e dos outros tão rapidamente quanto levam à saúde e à prosperidade. Os jardins da condição humana têm algumas áreas bem obscuras (como Leunig nos mostra na Figura 9). Precisaremos nos lembrar dessas precauções quando retornarmos a Aristóteles para tomá-lo como alguém que potencialmente fornece "fundamentos" para a ética na seção 17.

12. A maior felicidade para o maior número de pessoas

Vimos, na seção anterior, a fórmula da maior felicidade para o maior número de pessoas. O utilitarismo é a filosofia moral que coloca essa fórmula no centro das coisas, concentrando-se na benevolência, na *solidariedade*, na identificação com os prazeres e dores e no bem-estar das pessoas como um todo. Essa é a medida imparcial de quão bem as coisas vão indo de maneira geral. O bem é identificado com a maior felicidade do maior número de pessoas, e o objetivo da ação é promover o bem (o que é conhecido como o princípio da utilidade). O utilitarismo é *consequencialista* ou, em outras palavras, é prospectivo, olha para o futuro. Analisa os efeitos ou consequências das ações para avaliá-las. Nesse aspecto, contrasta com a ética deontológica. Para o consequencialismo, ao que parece, uma ação errada, injusta ou irresponsável, ou então uma transgressão aos direitos de alguém, pode ser admitida ou justificada por suas consequências, se for possível demonstrar que estas são propícias ao bem geral. O utilitarismo se encaixa melhor com a abordagem "gradualista" das questões éticas, ilustrada algumas páginas atrás pelo caso do aborto. É uma filosofia que lida com valor – com coisas boas ou ruins, melhores ou piores – à medida que aumenta ou diminui a maior felicidade para o maior número de pessoas.

As noções deontológicas de justiça, direitos e deveres se encaixam em um clima moralista, no qual as coisas *são* certas e erradas, permitidas ou puníveis. Essas são palavras da lei e também palavras da ética. O utilitarismo nos dá, por outro lado, a linguagem dos bens sociais. Diante da questão do aborto, o utilitarista analisaria as condições sociais que levam as pessoas a procurar o aborto. Diante da elaboração de uma lei, o utilitarista perguntar-se-ia quais benefícios e malefícios derivam da criminalização de determinada atividade. O pensamento é o do engenheiro, não o do juiz.

John Stuart Mill achou que tinha algum tipo de prova do princípio da utilidade. Ele pensava que desejar algo e considerá-lo agradável eram a mesmíssima coisa. Então, cada indivíduo se envolve com as coisas, sempre e unicamente, apenas na medida em que elas sejam agradáveis para si. De alguma forma, portanto, todos se preocupam com o prazer de todos ou com a felicidade geral. Esse é mais um daqueles casos em que o argumento é tão ruim que a conclusão não apenas falha como também parece contradizer a premissa. É como argumentar que, como cada pessoa amarra seus próprios cadarços, todos amarram os cadarços de todos. Mas, infelizmente, a menos que o mundo tivesse uma pessoa só, se cada pessoa amarra apenas seus próprios cadarços, *ninguém* amarra os cadarços de todos. De maneira similar, se cada um de nós deseja o que é agradável para si mesmo, ninguém deseja o que é agradável para os outros, *a menos* que o prazer dos outros seja, de alguma forma, um objeto de prazer igual para cada um de nós. Esse seria um mundo de empatia universal e indiscriminada: um mundo agradável, mas não o mundo em que vivemos. As pessoas geralmente desejam que elas mesmas tenham satisfação mais do que desejam que os outros se satisfaçam.

Mesmo sem o duvidoso auxílio de Mill, ainda podemos apreciar o objetivo de maximizar a felicidade geral. Esse objetivo é prospectivo, imparcial e igualitário: todo mundo vale por um e ninguém vale por mais de um. É um objetivo que queremos que as pessoas tenham. Esse desejo é muito antigo: benevolência, ou *jen*, é a virtude suprema do confucionismo – e, nos assuntos públicos, tem um *pedigree* muito respeitável. Há uma antiga máxima legal que diz: *salus populi suprema lex esto* – que a salvação do povo seja a lei suprema. Se a salvação inclui a liberdade em relação a muitos males, e se essa liberdade, por sua vez, constitui bem-estar ou felicidade, então estamos perto do utilitarismo.

Qualquer ética decente gostaria de encorajar alguma virtude de benevolência, de altruísmo ou de solidariedade com o objetivo de aumentar o bem-estar e diminuir a miséria para todos. A questão é saber se essa seria a única medida, de modo que todo o resto se subordinasse a esse objetivo, em particular as noções deontológicas que já conhecemos. Assim como muitos crimes são cometidos em nome da liberdade, também se pode cometê-los em nome da felicidade comum. Suponha que seja possível obter um pouco mais de felicidade pisando nos direitos de alguém. Nós aprovaríamos isso? A própria justiça está subordinada ao bem geral? E se ela criar mais felicidade para beneficiar Amy, que não merece, em vez de Bertha, que merece?

Pode parecer repugnante pensar que devemos equilibrar a justiça de acordo com suas consequências, mesmo quando tais consequências são imparciais, gerais e medidas em termos da noção mais sofisticada de felicidade que podemos descrever. Parte de nós talvez prefira se entusiasmar com um lema oposto: *Fiat justitia et ruant coeli* – que a justiça seja feita mesmo que os céus venham abaixo.

Parece que temos uma forte oposição entre duas máximas: de um lado, *Fiat justitia*... e, de outro, *Salus populi*... O grande David Hume respondeu a esse desafio quebrando a diferença. A resposta sugerida pela própria análise de Hume ficou conhecida como utilitarismo "indireto". As regras, entre elas as normas de propriedade, o cumprimento de promessas e disposições relativas aos direitos em geral, são justificadas por seu impacto na felicidade geral. A lei é justificada pela salvação do povo. Mas isso não significa que as regras ou leis devam ser, *por si mesmas*, prospectivas, sempre condicionadas aos benefícios que serão obtidos a partir da ocasião. O sistema é artificial. Ele tem uma justificativa utilitária, ao contrário da aplicação das regras em casos particulares.

Para vermos um paralelo, considere as regras de um jogo. O jogo pode estar lá por um objetivo – digamos, proporcionar prazer aos espectadores e jogadores. Mas são as regras do jogo que determinam como ele deve ser jogado. Elas não podem ser burladas de acordo com a ocasião, só porque o árbitro imagina que a trapaça proporcionará mais prazer aos espectadores e jogadores. Se as pessoas sabem que é provável que isso aconteça, toda a sua atitude se transforma e o jogo fica impossível. A inflexibilidade das regras é a única coisa que o viabiliza. De maneira similar, diz o utilitarista indireto, só podemos obter a felicidade geral – e, particularmente, os componentes da felicidade geral, como a segurança – implantando regras bastante inflexíveis. Oferecemos uns aos outros direitos de propriedade, leis fixas que garantem uma justiça definida e previsível e instilamos disposições gerais a respeito de condutas que podem ser confiáveis, quaisquer que sejam as circunstâncias.

Ou, talvez devêssemos dizer, quase independentemente das circunstâncias. Hume apontou que, quando as coisas estão bem ruins, os direitos até então firmes acabam por ceder:

> *Que governante de cidade furtar-se-ia a incendiar os arrabaldes quando estes facilitam a aproximação do inimigo?*

Em casos de suficiente emergência, até liberdades civis bastante básicas caem por terra. Na emergência de tirar a torcida de um estádio ameaçado, por exemplo, o árbitro pode apitar um falso encerramento do jogo. Mas as emergências são raras, e é preciso discernimento para saber quando estamos diante de uma situação emergencial. As emergências abrem exceções, porque as velhas certezas e estabilidades podem renascer assim que a emergência terminar. O governante que incendiou os arrabaldes em tempos de guerra não perde sua posição de protetor das leis, mas aquele sujeito que se apropria de uma casa para seu sobrinho predileto em tempos de paz, sim. Ainda se pode confiar no primeiro, mas não no segundo.

Para Hume, portanto, a edificação da justiça e dos direitos é uma criação social. E é necessária, pois os seres humanos não dão conta uns sem os outros, e a cooperação precisa dessas estruturas. Elas incluem pelo menos a capacidade de firmar contratos e a possibilidade de manter propriedades, e cada uma dessas necessidades é descrita na linguagem da deontologia – justiça e direitos. Elas existem apenas para promover e proteger o bem da sociedade. São necessárias, mas, quando as coisas ficam muito ruins, acabam subordinadas ao mesmo fim.

Estamos felizes com essa subordinação? O utilitarismo indireto é um tipo de acordo, de meio-termo. É consequencialista em geral, mas, na condução da vida, assim como na condução de um jogo, as regras e princípios têm aquela autoridade suprema que os deontologistas desejam. Como muitos acordos, ele cede um pouco de cada lado. Os utilitaristas de estirpe mais direta e realista podem se preocupar com a lógica de seguir a regra mesmo em um caso em que pode ser útil dobrá-la. Não seria apenas um fetiche à regra, uma "adoração à regra"?

A maioria dos filósofos morais contemporâneos admira muito mais a justiça e os direitos e teme sua contaminação por algo tão vulgar quanto um objetivo ou propósito. Por isso, virou moda na filosofia moral zombar do utilitarismo. Alguns escritores destacam agentes virtuosos cuja integridade não lhes permite abrir mão dos princípios para fins utilitários. Outros destacam a virtude de agentes que não pensam no bem que pode vir de suas ações, mas olham para trás e aplicam princípios ao contexto da ação. A literatura está cheia de casos vistosos nos quais um homem (ou uma mulher) de princípio se mantém firme – e o faz de maneira admirável. Mas o utilitarismo indireto parece preparado para lidar com isso: *é claro* que valorizamos a pessoa íntegra que se recusa a abrir mão de seus princípios em prol da utilidade geral. Pois essa é, de longe, a melhor disposição para cultivar e admirar, mesmo que muito, muito raramente a torcida morra no estádio por causa disso.

Algumas pessoas dizem que o utilitarismo "não leva a sério a separação dos indivíduos" – ou seja, subordina os direitos do indivíduo à solidariedade com o bem-estar geral. De acordo com esses críticos, o utilitarismo é surdo às queixas que vêm de um indivíduo em particular, cujas preocupações foram sacrificadas em prol do bem geral. Essa acusação é particularmente irônica, dado que o utilitarismo começou com a ambição de quebrar a separação das pessoas – a separação que não confere a ninguém nenhuma preocupação com um *nós* separado de um *eu*.

Outros críticos enfatizam a maneira como tendemos a moralizar a felicidade, substituindo a *eudaimonia* aristotélica por algo mais parecido com a sucessão de sensações de Bentham. E, quando a própria felicidade é moralizada, as credenciais do utilitarismo como uma teoria geral da ética ficam comprometidas. É preciso uma visão moral, vinda de outro lugar, para julgar quando as pessoas estão vivendo felizes ou não.

Não é difícil ouvir os gritos de uma classe de mandarins (quase todos homens) se defendendo disso. Uma ética de cuidado e benevolência – que é a essência do utilitarismo – dá menos espaço a um tipo de filosofia moral modelada pela lei, com suas estruturas e fórmulas ocultas e complexas, conhecidas apenas pelos iniciados. E o utilitarismo, particularmente em suas formas indiretas, tem uma enorme vantagem. Ele pelo menos explica como avaliar se determinados direitos, regras ou mesmo virtudes de conduta *aparecem* na lista de direitos, regras ou virtudes. E aparecerão na lista se servirem ao bem comum. Outras filosofias, sem conseguirem dar uma resposta tão sensata e realista, precisam se esquivar da questão ou fazer várias tentativas para encontrar respostas diferentes. Apresento algumas dessas tentativas na Terceira Parte.

13. Liberdade ante o mal

Outra abordagem ao que importa no bem viver é considerar o que deve ser evitado. Para começar, é bem fácil concordar com esta lista: não queremos sofrer com a dominação dos outros, a impotência, a falta de oportunidade, a falta de capacidade, a ignorância. Não queremos sofrer dor, doença, miséria, fracasso, desdém, pena, dependência, desrespeito, depressão nem melancolia. Sempre foi mais fácil desenhar o inferno do que o céu.

Essa lista é mais útil para a filosofia política. Quando tentamos esboçar o que é necessário para uma ordem social, é muito mais fácil dizer o que deve ser evitado do que estabelecer o que deve ser buscado. Uma ordem política não pode fazer tudo: não pode garantir uma vida livre de depressão, doença ou decepção. Mas pode dar liberdade ante violência, discriminação, prisão arbitrária, punição desumana ou degradante, julgamentos injustos e outros males. Pode garantir que você conte com a proteção das leis para falar o que pensa (sobre algumas coisas) ou se manifestar pacificamente (às vezes). Sob essa perspectiva, a ordem moral, política ou social apenas monta o cenário. Não pode ajudar em muita coisa com o que as pessoas fazem da cena. Se as pessoas decidem buscar a vida da *eudaimonia,* isso só depende delas. Não é função de uma filosofia moral, muito menos de uma constituição ou de um governo, fazer as pessoas felizes, apenas estabelecer um estágio no qual elas *possam* ser felizes. A Declaração de Independência dos

Estados Unidos fala de "vida, liberdade e busca da felicidade", não de conquista da felicidade.

Essa concepção do papel da ordem política é característica do liberalismo. Costuma-se dizer que seus olhos estão voltados para a "liberdade negativa" – as pessoas devem estar livres *ante* vários males, o que contrasta com uma política idealista ou mais orientada por objetivos, na qual a meta é permitir que as pessoas façam várias coisas boas ou *sejam* ou *se tornem* algo desejável – liberdade positiva. Mas essa talvez não seja a melhor maneira de colocar as coisas, uma vez que qualquer especificação completa de uma liberdade consegue indicar tanto aquilo diante de que você está livre quanto aquilo que você está livre para fazer. A liberdade *ante* uma prisão arbitrária, por exemplo, é a liberdade *de fazer* tudo sem ser preso, exceto algumas coisas circunscritas que configuram crimes. A liberdade *de fazer* manifestação pacífica é a liberdade *ante* a proibição legal de reunião pacífica. Liberdade *ante* a tributação é a liberdade *de fazer* todos os gastos que você quiser sem dar nada ao governo.

No entanto, o contraste nos lembra algo distintivo do liberalismo e de sistemas políticos mais intrusivos que se afastam dele. Os sistemas mais intrusivos, como o socialismo, o comunismo ou o fascismo, são movidos por uma visão mais espessa do que é bom, e não pela pura liberdade ante intervenções legais ou políticas. Assim, por exemplo, um igualitário pode achar necessário abrir mão de alguma liberdade de atividade econômica a fim de obter o resultado desejado de

10. Eugène Delacroix, *La Liberté guidant le peuple* [A Liberdade guiando o povo]. Mas para onde?

uma maior igualdade econômica. Muitos governos deixam de lado a liberdade de associação pacífica quando suspeitam que o objetivo da associação é exacerbar os ódios e tensões dentro da sociedade. Hegel julgou que a verdadeira liberdade se encontrava apenas nas associações políticas rigorosamente estruturadas, o que suscitou a zombaria liberal de Bertrand Russell (1872-1970), que dizia que, para Hegel, a liberdade significava o direito de obedecer à polícia (veja a Figura 10).

Pode parecer um conflito simples entre aqueles que priorizam a liberdade e aqueles que priorizam outra coisa, como a paz ou a igualdade. Mas a linguagem da liberdade talvez seja confusa nessas áreas. Pois a palavra "liberdade" é flexível o suficiente para cobrir também os objetivos: abre-se mão da liberdade de atividade econômica para promover a liberdade ante as desvantagens econômicas; abre-se mão da liberdade de associação para promover a liberdade ante a tensão e o ódio. Quase todo bem positivo pode ser *descrito* em termos de liberdade ante algo. Saúde é liberdade ante doenças. Felicidade é uma vida livre de fracassos e misérias. Igualdade é liberdade ante vantagens e desvantagens. A palavra em si está disponível a todos, o que também leva às áridas observações do historiador Edward Gibbon (1737-1794) sobre o imperador romano Augusto:

> *Augusto estava ciente de que a humanidade é governada por títulos; tampouco se enganava em sua expectativa de que o Senado e o povo submeter-se-iam à escravidão, desde que lhes fosse respeitosamente assegurado que ainda iriam desfrutar de sua antiga liberdade.*

Diante dessa flexibilidade, o teórico precisará priorizar algumas liberdades e desconsiderar outras. No limite, podemos sustentar o ponto de vista de que apenas um tipo particular de vida alcança a "verdadeira liberdade". Esta pode, por exemplo, ser a liberdade ante a escravidão do desejo, como no budismo e no estoicismo. Ou pode ser um tipo de autorrealização possível apenas em uma comunidade de indivíduos igualmente autorrealizados, apontando-nos para um ideal comunitário, socialista ou mesmo comunista. Para um capitalista *laissez-faire*, trata-se de liberdade ante qualquer coisa que seja mais do que a mínima interferência política e jurídica necessária na busca do lucro. Mas a retórica da liberdade geralmente disfarça os méritos ou deméritos da ordem política que está sendo promovida.

Embora a libertação ante vários males óbvios seja um objetivo fácil com que concordar, não é por acaso que as principais tradições da filosofia moral também lidam com os conceitos mais positivos de felicidade, *eudaimonia* ou autorrealização. Porque a ausência de dores e misérias é, por si só, muito cinzenta e neutra para atiçar nossa ambição e admiração. É claro que, para a maioria das pessoas, na maior parte do tempo, pode ser mais urgente remover as coisas ruins do que se preocupar muito com as coisas boas. Mas não podemos ficar inteiramente desprovidos de uma visão de como seria a vida no seu melhor.

14. Liberdade e paternalismo

Sem dúvida, a flexibilidade do termo "liberdade" desempenha um papel importante na retórica das demandas políticas, principalmente quando a linguagem dos direitos se mistura à linguagem da liberdade. Dizer "temos direito à liberdade de..." é a melhor maneira de iniciar uma demanda moral ou política.

Liberdade é uma palavra perigosa, justamente porque é inspiradora. A política apropriada a sociedades de indivíduos livres é, acima de tudo, democrática. Aqui, o inimigo seria qualquer elitismo ou paternalismo, seria supor que determinadas pessoas, por sua razão, sabedoria ou conhecimento superiores, estejam mais aptas a governar as restantes, pois conhecem os interesses (os *verdadeiros* interesses) dessas pessoas melhor do que elas próprias. A doutrina elitista diz que a liberdade dos ignorantes e daqueles que não têm autocontrole é tão somente uma *licença* inútil e assustadora. O relato mais célebre dessa imagem elitista está na *República*, de Platão. Segundo o argumento do livro, o governo deve ficar nas mãos de guardiões ou responsáveis altruístas e desinteressados, os quais foram rigorosamente educados na busca pela sabedoria. A plebe não tem direito à autodeterminação. Está aí para ser governada; não tem permissão para encontrar seu próprio modo de vida nem para cometer seus próprios erros (Grosz parece concordar, veja a Figura 11).

Podemos reprovar Platão e aprovar o desenlace democrático. Mas talvez seja bom ficarmos um pouco nervosos com um mito associado. A ênfase moderna na liberdade se encontra problematicamente associada a uma autoimagem particular. Trata-se do indivíduo "autônomo", ou autogovernado e autodirecionado. Ele tem o direito de tomar suas próprias decisões. Toda e qualquer interferência ou restrição configuraria falta de respeito, e todos têm direito ao respeito. Para esse indivíduo, a irracionalidade máxima seria alienar sua liberdade, por exemplo, isolando-se em um mosteiro que exige obediência inquestionável a algo superior ou se entregando como servo a alguém. Tal ação equivaleria a um tipo de suicídio, à morte daquilo que torna cada ser humano único e igualmente valioso.

11. George Grosz, *Waving the Flag* [Agitando a bandeira]. Grosz comenta o ideal ilustrado por Delacroix (Figura 10).

Essa autoimagem pode ser sustentada pelo pensamento de que cada indivíduo tem a mesma parcela da razão humana e igual direito de empregar essa razão na condução de sua própria vida. No entanto, o indivíduo "autônomo", gloriosamente independente em sua tomada de decisão, pode parecer uma fantasia. Não apenas os Grandes Pessimismos Unificadores, mas também qualquer reflexão moderadamente sóbria acerca da vida e das sociedades humanas, sugerem que somos criaturas muito influenciáveis, constantemente infectadas pelas opiniões dos outros, sem autoconhecimento crítico, facilmente dominadas por esperanças e ambições fantasiosas. Nossa capacidade de autogoverno é espasmódica e, mesmo quando nos envaidecemos de nossas decisões críticas e independentes, livres e racionais, somos escravos da moda e da opinião, de forças sociais e culturais que ignoramos. Muitas vezes seria bom – e não sinal de desrespeito a nós – se aqueles que nos conhecem melhor que nós mesmos pudessem nos salvar de nossas piores sandices.

Talvez, então, uma defesa mais realista das liberdades que queremos proteger evite a fantasia de nossa liberdade racional. Uma defesa mais realista pode ser igualmente sombria a respeito da possibilidade da elite de Platão. Vem à tona a velha pergunta da sexta *Sátira*, do escritor romano Juvenal (por volta de 116 a.C.): quem vai guardar os guardiões? Winston Churchill teria dito que a democracia é o pior sistema de governo inventado – à exceção de todos os demais. Não se pode confiar a ninguém um poder ilimitado sobre os outros nem o mando sobre os interesses dos outros. A elite também é humana. As histórias sombrias sobre governos antidemocráticos são advertências terríveis quanto aos perigos do mito aristocrático de Platão. Ele próprio sabia muito bem desse risco no mundo real. Os guardiões de seu mundo imaginário só podem merecer seu papel por meio de um processo impraticável da mais rigorosa educação. Platão não oferece nenhum mito consolador ante o ditador que afirma saber o que é melhor para o povo. Os políticos democratas podem ser bem ruins, mas aqueles que afirmam saber o que é melhor para nós tendem a ser muito piores.

Mas até mesmo as democracias conservam relíquias fascinantes da imagem platônica dos guardiões. Os Estados Unidos têm seu processo de "revisão judicial", pelo qual os mandarins da Suprema Corte supervisionam e anulam legislações votadas democraticamente. Isso acontece em nome da Constituição, um documento a cujo significado somente os mandarins jurídicos têm acesso privilegiado. O paralelo com o sacerdócio e seu acesso particular à verdade das escrituras sagradas não é evidente para muitos.

A aversão ao elitismo também costuma ser uma aversão ao paternalismo, a nos dizerem o que devemos fazer para nosso próprio bem. Naturalmente, pensamos que somos os melhores juízes de nossos próprios interesses, e isso fará parte de nossa concepção de nós mesmos como indivíduos racionais e autogovernados. Por outro lado, sabemos, no fundo dos nossos corações, que, às vezes, é melhor que nossos juízos sejam anulados, assim como às vezes é melhor para as crianças que suas vontades também o sejam. As normas de segurança fazem que o operário use capacete, quer queira, quer não. Os sistemas de seguridade social fazem que as pessoas poupem para sua velhice, quer queiram, quer não. A maioria das pessoas acata as leis que obrigam o uso de cinto de segurança nos carros e de capacete nas motocicletas. Todos elas representam restrições à liberdade de um agente, feitas em nome do próprio bem do agente. Mas, como vimos, sempre podemos recorrer à palavra para explicar para que servem as restrições. A previdência social nos dá liberdade ante a pobreza na velhice; as leis de segurança nos dão liberdade ante a morte e a destruição decorrentes de riscos que talvez ignoremos.

Assim como no debate sobre o aborto, um pouco de consciência da ética levar-nos-á a desconfiar de *slogans* absolutos. Até as liberdades sagradas fazem concessões e nos levam a um mundo de equilíbrios. A liberdade de expressão é sagrada. No entanto, a lei não protege o discurso fraudulento, o discurso difamatório, o discurso que revela segredos nacionais, o discurso que incita ódios raciais, o discurso que incita pânico em meio a aglomerações e assim por diante. Em troca, porém, ganhamos liberdade ante fraudes, deturpações de nosso caráter, incursões inimigas, agitações civis e riscos arbitrários de pânico nas multidões. Com certeza, sempre haverá casos difíceis. Existem na internet *sites* que ensinam receitas simples para fazer bombas em casa. Será que desejamos uma concepção de liberdade de expressão que proteja esses *sites*? E a liberdade do resto de nós para vivermos nossas vidas sem um risco significativo de sermos explodidos por uma bomba caseira? Muitas filósofas feministas argumentam que o discurso pornográfico interfere na liberdade de as mulheres viverem sem se verem na condição de objetos de fantasias humilhantes. Essa é uma liberdade importante, pois várias vezes falamos que o respeito que temos aos olhos dos outros é um componente da felicidade. Mas como isso se relaciona com a liberdade das outras pessoas, homens e mulheres, para comunicar suas fantasias, por mais lamentáveis que sejam? Seria bom se houvesse um cálculo utilitário que nos permitisse medir os custos e os benefícios da permissão e da supressão desses discursos, mas é difícil encontrar um cálculo desse tipo.

15. Direitos e direitos naturais

No começo da seção anterior, vimos que dizer "temos direito à liberdade de..." é a melhor maneira de iniciar uma demanda moral ou política.

No entanto, essa frase também parece sugerir uma receita de expansão sem limites: dá para ouvir as pessoas exigindo, sem se envergonharem, o direito à liberdade ante qualquer desvantagem, infelicidade, ofensa, carência, necessidade, decepção... Talvez pareça algo desejável, mas só até refletirmos que, nesses contextos, a outra face de um direito é um dever: o dever da ordem jurídica, política ou econômica em proteger essas pessoas ante a desvantagem e todo o resto. E, por isso, precisamos nos perguntar se não seria muito caro, ou mesmo impossível, vivermos sob esses deveres.

A Declaração Universal dos Direitos Humanos das Nações Unidas talvez caia nessa armadilha algumas vezes. Além dos direitos civis que todos nós presumivelmente queremos proteger, a declaração introduz uma série de "direitos de bem-estar social". Ela diz, por exemplo, que todos têm direito à efetivação "dos direitos econômicos, sociais e culturais indispensáveis à sua dignidade e ao livre desenvolvimento da sua personalidade". Isso abre a porta para a expansão sem limites que acabamos de descrever: não é muito difícil argumentar que a dignidade e o livre desenvolvimento exigem uma enxurrada de liberdades ante isto, aquilo e aquilo outro, até que se chegue ao ridículo direito à liberdade ante o fracasso em conseguir um emprego por não se ter competência necessária para realizá-lo.

A linguagem dos "direitos naturais" sempre foi vítima desse tipo de crítica. Por exemplo, a Declaração dos Direitos do Homem e do Cidadão da Revolução Francesa resolveu "declarar solenemente os direitos naturais, inalienáveis e sagrados do homem". O documento afirmava que, em relação a seus direitos, "os homens nascem e permanecem livres e iguais". E anunciava que o objetivo último de toda instituição política era a preservação desses direitos: "a liberdade, a propriedade, a segurança e a resistência à opressão".

No entanto, esses sentimentos aparentemente inofensivos provocaram uma tempestade de dúvidas filosóficas, em parte alimentada pela violenta anarquia da própria Revolução

Francesa. Acima de tudo, não está claro o que "direito natural" poderia significar. Talvez possamos entender os direitos concedidos aos cidadãos como lei. Talvez possamos até imaginá-los surgindo em uma sociedade muito primitiva, na qual as pessoas proporcionam algo semelhante a direitos umas às outras, por hábitos de tolerância. Suponha que A tolere não interferir no espaço de B, ou consinta em não usar violência contra B, ou se abstenha de solicitar favores sexuais à companheira de B. E suponha que a sociedade caísse severamente sobre A se ele não se dispusesse a fazer nada disso. Então poderíamos falar de uma convenção ou mesmo de um contrato de tolerância, testemunhando, assim, o início de uma rede de direitos de propriedade e outros direitos sociais. B poderia apelar à coletividade para proibir ou punir uma transgressão de A e, ao se alinharem a B, os outros, de fato, confirmariam seu direito. Mas tudo isso pressupõe uma sociedade. O que poderia existir de semelhante a direitos antes ou independentemente de um estado de sociedade? Todos teriam direito a tudo? Ou ninguém teria direito a nada? As perguntas soam ridículas.

Mas não é preciso adotar a linguagem dos direitos naturais para criá-los. Não é preciso imaginar um estado pré-social da natureza em que, surpreendentemente, as pessoas tenham diferentes tipos de direitos. Basta entendê-lo não como a *descrição* de uma terra do nunca, mas como a *prescrição* de uma ordem que toda e qualquer sociedade deveria defender. Não será relevante dizer que a ideia se encontra fora da história.

Nem será adequado dizer que a sociedade de verdade não chega a ser assim. As pessoas, por exemplo, não nascem livres – elas nascem dentro de uma ordem civil que lhes impõe deveres e obrigações. E não permanecem livres em todos os aspectos, muito menos nascem iguais e permanecem iguais em todos os aspectos. Mas a intenção será questionar a ordem existente em nome desses ideais, ou trabalhar por um ideal que incorpore alguma noção de igualdade básica (igualdade perante a lei, por exemplo) e algum cardápio de liberdades.

Ainda assim, podemos nos perguntar sobre os motivos das prescrições. A palavra "natural", na expressão "direitos naturais", pode sugerir um fundamento religioso. Como se Deus houvesse inscrito em cada um de nós uma pequena lista de demandas aos outros. Se não achamos essa ideia atraente, então a palavra sugere, mais uma vez, algum tipo de história aristotélica. Os seres humanos terão uma "natureza" que só consegue florescer em sociedades que estejam de acordo com a declaração. Essas são as únicas sociedades em que elas podem "se realizar" ou ser "verdadeiramente" livres. Mas isso, por sua vez, pode parecer altamente questionável. Somos bastante maleáveis e adaptáveis e, como já vimos, são muitas as diferentes concepções do que seria florescer. Muitos pensam que florescemos nas ricas democracias liberais do mundo ocidental. Mas alguns diriam, por exemplo, que só podemos florescer de verdade em sociedades igualitárias, nas quais haja um rígido controle sobre a quantidade de propriedades que qualquer pessoa ou classe pode ter. Outros diriam, ainda, que só conseguimos florescer sob a égide de uma ordem social forte, cimentada pela adesão comum a uma tradição religiosa específica.

Vimos que a concepção das pessoas sobre seus direitos pode ser perigosamente expandida. Já foram levantadas outras objeções práticas ou pragmáticas. A linguagem é abstrata: o direito à propriedade lhe dá direito a quantas propriedades? Que deveres esse direito impõe aos outros? Quanto meu direito à vida me permite exigir cuidados e recursos se esses são necessários para me manter vivo? E já vimos as maneiras infinitamente flexíveis e traiçoeiras pelas quais o conceito de liberdade pode ser expandido, até o ponto em que o direito à liberdade chega a parecer quase sem sentido. Direitos expressos com uma palavra só não respondem a perguntas difíceis.

A linguagem está sempre propensa ao conflito. Ela coloca o *eu* contra o *eles*, incentivando um senso de *meu* direito contra os outros, *meu* senso de queixa justificada quando as coisas não acontecem do jeito que eu quero. Essa não é a linguagem da verdadeira comunidade, tanto que Bentham a caracterizou como linguagem "terrorista". Assim, não deveríamos ter expectativas muito altas em relação a uma parceria na qual cada membro ficasse o tempo todo verificando se sua cota de direitos foi violada pelo outro. Quando os contratos pré-nupciais especificam o direito de ter metade da louça para lavar, ou da faxina para fazer, ou do cuidado com as crianças, ou do sexo não mais que quatro e não menos que três vezes por semana, não podemos ficar otimistas sobre esse casamento. Não que essas coisas sejam ruins – elas podem ser até desejáveis –, mas exigi-las como um direito implica que o *eu* não deu lugar a um *nós*. Um senso de queixa justificada que se manifeste por qualquer coisa mínima não é exatamente a melhor receita para uma família feliz. Se o *nós* não toma o lugar do *eu*, não se fazem presentes as atitudes necessárias para o sucesso de uma comunidade. Está claro o que Bentham diria sobre um contrato desse tipo:

> *Qual tem sido o objeto, o objeto perpétuo e palpável, dessa declaração de pretensos direitos? Acrescentar tanta força quanto possível a essas paixões, paixões que já eram tão fortes, arrebentar as cordas que as mantêm presas, dizer às paixões egoístas, ali – em toda parte – está sua presa! E às paixões raivosas, lá – em toda parte – está seu inimigo. Tal é a moralidade desse célebre manifesto.*

Essa era, de fato, a essência das críticas posteriores de Marx aos direitos "burgueses" ou egoístas. Para ele, assim como para muitos pensadores sociais, a noção de um "direito" se centra em uma moral que é atomística e individualista, concentrada nas demandas de uma única pessoa, esquecida do bem geral da sociedade na qual necessariamente se situa o indivíduo.

No entanto, para outros pensadores liberais, o bem se trata exatamente disso (e bastaria olhar para a terrível história dos estados comunistas onde a noção de direitos individuais tinha pouco ou nenhum espaço). Os direitos, argumentam eles, nos protegem contra as usurpações da sociedade. Até mesmo nas democracias, uma minoria pode precisar de proteção contra a tirania da maioria. Ainda que insistir em direitos possa parecer egoísta, estridente e, às vezes, insensível, nós precisamos dessa noção. Precisamos que ela descreva nossas dependências e nossa necessidade de proteção contra as predações dos outros (inclusive sob sua aparência coletiva ou política). Mesmo que seja tolice insistir em uma lista expandida de direitos antes de casar, cada parceiro tem, sim, direitos em relação ao outro e, quando estes são violados, reparações e correções se fazem necessárias.

III
Fundamentos

É hora de começar a juntar algumas pontas soltas. Na Primeira Parte, tentei rebater alguns dos pensamentos hostis que muitas pessoas expressam sobre a ética. Mas tivemos de reconhecer a ameaça do relativismo, do niilismo e do ceticismo. Talvez ainda temamos que a voz da consciência seja uma ilusão. Talvez ainda nos atrapalhemos quando tentamos acessar algum senso de sua autoridade. Será que a verdade e o conhecimento são possíveis, ou o raciocínio sobre o que fazer acaba por depender de nada além da vontade bruta? Ou será que existem alternativas?

16. Razões e fundamentos

Suponha que imaginemos uma razão cotidiana e comum para agir. A razão do dia a dia pode ser: "Eu queria isto". Ou: "Eu gostava dele (então fiz algo por ele)". Ou: "Isto dará mais dinheiro". Uma razão pode ser estritamente egoísta ou altamente admirável: "Isto ajuda a promover a maior felicidade do maior número de pessoas". Ou então: "Isto livra as pessoas de dores e misérias horrendas". As duas últimas seriam as razões pelas quais as pessoas benevolentes se oferecem para agir.

Essas razões podem ser cativantes. Se nossas empatias apontarem para a mesma direção, nós as apreciaremos e as aceitaremos. Elas funcionam em muitas conversas. Mas não há provas de que funcionem sempre. Isso parece depender de quanto o público tem empatia conosco, ou com a humanidade, ou se sente da mesma maneira que nós nos sentimos. Parece depender de nossos sentimentos. E, diante disso, nossos sentimentos não estão sujeitos a prova.

Algo muito mais grandioso seria uma razão que todos *devem* reconhecer que se trata de uma razão, independentemente de suas simpatias e inclinações. Aqui a chamarei de Razão, com letra maiúscula. Essa Razão abarcaria a todos. Você não conseguiria ignorá-la nem a descartar só por se sentir diferente. Ela teria uma influência necessária, ou o que os filósofos às vezes chamam de força "apodítica". Ela vincularia todos os agentes racionais, na medida em que são racionais. Se você oferece uma razão (sem letra maiúscula) a alguém e esse alguém a dispensa, pode-se dizer que se trata de uma pessoa insensível ou desumana, dura ou egoísta, imprudente ou irritadiça. Esses são defeitos do coração. Você pode lamentá-los, mas talvez não consiga provar ao público que de fato são defeitos. Mas, se você oferece a alguém uma Razão com letra maiúscula e esse alguém a dispensa, então outra coisa está errada. A própria racionalidade desse alguém está em risco. Se ele não consegue ver coisas que simplesmente "se justificam perante a razão", tem alguma coisa errada com a cabeça dele.

Os filósofos, é claro, estão profissionalmente ligados ao raciocínio, por isso, para eles, é natural esperar que encontremos Razões.

Antes do século XVIII, muitos filósofos morais pensavam que poderíamos encontrá-las. Eles julgavam que os princípios fundamentais da ética podiam ser vistos como verdadeiros pela "luz natural da razão". Os princípios tinham o mesmo tipo de certeza que a aritmética ou a geometria: sentado na poltrona, já dava para ver que tinham de ser verdadeiros. Esses princípios eram inatos ou "autoevidentes". Para muitos, eles nos foram prescritos por uma divindade benevolente, de modo que os ignorar seria uma espécie de impiedade. Ao final do século XVII, essa teoria havia perdido muito terreno, especialmente entre os filósofos dispostos a confiar mais na experiência sensorial empírica do que na revelação supostamente divina como fonte de conhecimento. Se queremos provas, começou-se a pensar, não podemos esperar que Deus as tenha colocado lá. Mas até mesmo o grande empirista John Locke (1632-1704) defendeu um fundamento racional para os princípios básicos da moral:

> *Não duvido de que, das proposições autoevidentes, por consequências necessárias, tão incontestáveis quanto aquelas da matemática, estabeleçam-se as medidas do certo e do errado para qualquer pessoa que se aplique da mesma forma e com a mesma atenção que dedica a outra dessas ciências.*

Locke pensou que isso era algo que poderia, em princípio, ser feito, não algo que já havia sido feito. Essa visão foi varrida no século XVIII, primeiro pelos "sentimentalistas" conde de Shaftesbury (1671-1713) e Frances Hutcheson (1694-1746) e depois, com muito mais força, por David Hume, que adotou uma visão mais limitadora sobre o poder da razão em toda parte, mas especialmente aqui. Para Hume, a esfera apropriada da razão se limita à matemática e à lógica, ao passo que o conhecimento sobre o modo como as coisas são se deve unicamente à experiência dos sentidos. Nenhuma das duas nos fornece princípios substanciosos de conduta. Não há Razões. Hume passa a mensagem de maneira um tanto extravagante:

> *Não é contrário à razão preferir a destruição do mundo inteiro a um arranhão em meu dedo. Não é contrário à razão que eu escolha minha ruína total para evitar o mínimo desconforto a um índio ou a qualquer pessoa que me seja completamente desconhecida. Tampouco é contrário à razão preferir aquilo que reconheço ser para mim um bem menor a um bem maior.*

Em outras palavras, a razão humana tem um domínio limitado. Ela inclui a matemática e a lógica, pois, quando tentamos desobedecer a suas leis, o próprio pensamento se torna impossível. Ficamos sem nenhuma ideia. Podemos até falar de uma abordagem sensata ou científica para entender o mundo. Mas, quando se trata de ética, estamos no domínio da preferência e da escolha. E, aqui, a razão se silencia. O coração, ou aquilo que Hume chamou de paixão ou sentimento, governa tudo. Naturalmente, nossas paixões e sentimentos precisam operar no mundo sobre o qual aprendemos: a ignorância é a receita infalível para agir desastrosamente, tanto para nós mesmos quanto para os outros. Mas o que o coração sugere que façamos, depois que a razão e a experiência entendem onde estamos, é outra coisa. Até mesmo as preocupações básicas e pouco ambiciosas, como a solidariedade para com os outros ou o respeito às regras defendidas nas seções 12 e 13, dependem da empatia. E essa empatia não é exigida apenas pela razão. As adversidades dos outros nos dão razões para agir, por certo, mas não Razões. Talvez haja alguns limites formais para nossas preferências: há algo de "irracional" em preferir A a B e, ao mesmo tempo, preferir B a A (mesmo que muitas vezes seja normal ficarmos indecisos entre duas coisas). Mas não há restrições substanciais às nossas paixões que sejam impostas somente pela razão.

Podemos colocar isso em termos de um contraste entre *descrição* e *prescrição*. A razão se dedica a acertar nossas descrições do mundo. O que prescrevemos se encontra além de sua jurisdição. A razão está, de fato, totalmente a serviço das paixões. Só precisamos saber dela porque devemos agir no mundo: "A razão é e deve ser apenas a escrava das paixões, e nunca pode fingir que tem qualquer outra ocupação além de servi-las e obedecê-las".

17. Ser bom e viver bem

Como abordamos na seção 11, Aristóteles pensava que o *telos*, ou objetivo, de um ser humano era viver um certo tipo de vida. Mas que tipo de vida? Obviamente, aquele em que fossem atendidas certas necessidades biológicas básicas de comida, calor, abrigo e, talvez, sexo ("talvez" porque ninguém morre por falta de sexo). Aristóteles, no entanto, conseguiu equiparar a vida "pretendida" para um ser humano à vida virtuosa. Ele também a ligou à vida vivida de acordo com a razão. E isso parece nos dar um tipo de fundamento para a ética. Os cruéis, depravados, insensíveis ou indiferentes estariam deixando de exercer a razão, a suprema capacidade humana.

Mas, antes de tudo, por que pensar que a vida "pretendida" ou natural para os seres humanos é uma vida de virtude? Essa equiparação requer uma opinião bastante animadora sobre o animal humano. Não precisamos ser defensores de um Grande Pessimismo Unificador para temer que a evolução tenha moldado a natureza humana com teores significativos de egoísmo, agressão, imprudência, crueldade e assim por diante. E algumas pessoas bastante desagradáveis são sadias, a julgar pelo que o filósofo contemporâneo Bernard Williams descreve muito bem como "o padrão etológico do olho brilhante e do terno reluzente". Por outro lado, talvez haja circunstâncias, pode-se pensar, nas quais a virtude exige que sacrifiquemos algo de nossa própria saúde ou felicidade. No limite, a virtude e o dever podem exigir que ofereçamos nossa própria vida. Portanto, não há alinhamento automático entre nos comportarmos bem e cuidarmos de nós mesmos.

O próprio Aristóteles não era tão otimista quanto poderia parecer. Ele ressaltava que é preciso educação e prática para se tornar virtuoso. Não é uma coisa que simplesmente aconteça, como ficar mais alto ou cabeludo. A educação é uma questão de extrair um potencial "latente", pelo menos nas melhores pessoas (Aristóteles era bem elitista). A tradição que o segue às vezes é chamada de "ética da virtude". Ela tenta heroicamente espremer no mesmo copo aquilo que é natural para as pessoas, a vida vivida de acordo com a razão, a vida feliz e a vida virtuosa. Seu principal dispositivo é a natureza social do eu. Dentro da sociedade, o patife e o vilão não podem florescer, nem aos olhos dos outros, nem a seus próprios olhos. A vida de injustiça se abre para ser uma vida de preocupação e insegurança. Se alguém prospera roubando ou trapaceando, é bem provável que sua prosperidade vire pó.

É bem provável, mas não absolutamente certo. Ainda assim, é bom notar que, para muitos propósitos, ser provável já é suficiente. Uma correlação geral entre o desvio de virtude de determinado agente e o declínio de seu florescer é suficiente para alguns propósitos. É suficiente, por exemplo, para o propósito do educador que traz no coração o bem dos alunos. O educador não admitirá o hábito de mentir, enganar ou tirar vantagem dos outros, pois essas coisas geralmente diminuem o bem-estar do agente. Devemos educar as pessoas com quem nos importamos nos hábitos que provavelmente as beneficiarão e, por esse motivo, esses serão os caminhos da virtude. De modo geral, as pessoas se saem bem fazendo o bem, ou pelo menos evitando fazer o mal.

Até aqui, tudo bem. Mas certamente seria um erro pensar que a equiparação entre viver como gostaríamos e viver virtuosamente esteja de alguma forma escrita nas coisas pela natureza. Se a equiparação parece um pouco verdadeira é porque está escrita nas coisas pela cultura. Trata-se, em primeiro lugar, de um feito *educacional* e também *político*, uma conquista que exige constante atenção. Por pelo menos três motivos. Primeiro: é preciso educação para instilar no sujeito um senso de respeito e respeito próprio que transforme em perda o lucro que venha a auferir vendendo sua alma. Um vilão que não tem nada a perder simplesmente não se importa com nada. Segundo: é preciso um sistema político ou social seguro e estável para gerar efeitos negativos sobre o vilão, como algum prejuízo por seu desmascaramento ou perda de reputação. Quando as coisas estão confusas, o vilão consegue se safar das trapaças. Terceiro: é preciso uma cultura ou política para identificar adequadamente os desvios de virtude.

Para pensarmos sobre esse último ponto, voltemos aos nossos exemplos de sociedades opressoras. Suponha uma sociedade em que as mulheres careçam sistematicamente das oportunidades e recursos que os homens têm. Os homens (e as mulheres) dessa sociedade talvez não estejam conscientes de que alguma coisa está errada. Eles internalizaram os valores tradicionais. Sua concepção de mulher que floresce é aquela servil ou obediente aos homens. Nesse mundo, o homem que oprime a mulher não tem má consciência e não perde o respeito das pessoas com quem se importa – sobretudo outros homens. Ele pode florescer aos seus próprios olhos, aos olhos de seus amigos e até aos olhos das mulheres. O caso ficaria mais óbvio se adotássemos esse comportamento em relação a pessoas de fora da comunidade. Já mencionamos a árvore que floresce privando as outras árvores de luz, e o branco ocidental que prospera por causa das privações econômicas e educacionais das pessoas – inclusive das crianças – do Terceiro Mundo. É preciso algo mais do que um desejo de florescer para manifestar preocupação por *eles*. Só podemos mensurar nosso florescimento entre *nós* (Goya sabia disso).

12. Francisco de Goya, "Si son de otro linaje" [Se são de outra linhagem].

O aristotélico moderno, menos inclinado a dispensar inferiores e forasteiros do que o próprio Aristóteles, pode revidar. Pode dizer que esses casos precisam ser sustentados por racionalizações e que essas racionalizações consistirão principalmente em mentiras que os privilegiados contam a si mesmos. Já reconhecemos que uma vida vivida entre mentiras, no paraíso dos tolos, não é uma vida que floresce. Portanto, os elementos estão aí para sugerir que o *verdadeiro* florescimento ou o *verdadeiro* bem-estar humano implica justiça. Implica remover a opressão e viver de modo a poder olhar nos olhos das outras pessoas, até mesmo daquelas de fora.

No entanto, essa necessidade de racionalizações não é, por si só, um fato. Às vezes, seguindo distraídos nossos caminhos, nem parecemos precisar de mentiras para nos sustentar. Nossa geração floresce consumindo todos os recursos do planeta e deixando o futuro por um fio. Não contamos a nós mesmos uma história segundo a qual as gerações vindouras são inferiores a nós e merecem herdar um mundo morto. Nós simplesmente não pensamos nessas coisas. Só quando precisamos conversar com os desfavorecidos é que saímos em busca de racionalizações.

Estamos sendo "irracionais" quando dispensamos ou esquecemos os desfavorecidos, aqueles que estão do lado de fora? Com certeza estamos falhando na benevolência e talvez estejamos falhando na justiça (mais sobre isso abaixo). Mas, mesmo se admitirmos boa parte do argumento aristotélico, talvez continuemos pessimistas quanto a seus efeitos. Encontraremos pessoas perfeitamente prontas para aceitar uma boa farsa, desde que ela "bombeie" o que é necessário para uma vida de razão ou uma vida de *verdadeiro* florescimento. Melhor comprar o tênis barato e não pensar muito em como foi fabricado. Para desestabilizar essas pessoas, teremos de examinar mais detalhadamente a motivação para a justiça.

18. O imperativo categórico

O desafio de Hume às Razões (seção 16) foi aceito por Immanuel Kant. Podemos abordar as ideias de Kant pensando em uma estratégia comum nas discussões práticas. Quando tentamos impedir que as pessoas ajam de determinada maneira, muitas vezes lançamos uma boa pergunta: "E se todo mundo fizesse a mesma coisa?". Esse teste às vezes é chamado de teste de "universalização". Se a resposta for que algo daria especialmente errado se todo mundo fizesse a mesma coisa, então devemos nos sentir mal por fazê-la. Talvez estejamos reivindicando para nós mesmos uma isenção que não permitiríamos às pessoas em geral.

Kant pegou o teste de universalização e foi em frente. Em suas mãos, o teste se tornou não apenas um argumento particular *dentro* da ética – um dispositivo, por assim dizer, para fazer as pessoas se sentirem culpadas ou pensarem duas vezes antes de agir –, mas a base indispensável *para* a ética. Tornou-se a pedra fundamental da ética, alicerçando-a apenas na razão e nos dando Razões, mesmo no domínio das prescrições ou imperativos. Kant revela o modo como isso acontece em sua breve obra-prima de 1785, *Fundamentação da metafísica dos costumes*, um livro que provavelmente inspirou mais amor e ódio do que qualquer outro na história da filosofia moral.

O teste de universalização pode soar como uma versão da Regra de Ouro, "Faça com os outros somente aquilo que gostaria que fizessem com você", uma regra cuja autoria às vezes é reivindicada pelo cristianismo, mas que é encontrada de alguma forma em quase todas as tradições éticas, entre elas a de Confúcio (551-479 a.C.). Kant nega que sua ideia seja exatamente a da Regra de Ouro. Diz que ela tem mais força. E demonstra, por exemplo, que a Regra de Ouro pode ser mal aplicada. Um criminoso pode apresentá-la a um juiz, perguntando como o juiz gostaria de ser julgado – mas nem por isso o julgamento seria injusto. Uma pessoa em boa situação pode concordar de bom grado que os outros não devam beneficiá-la, desde que não precise beneficiá-los. Essa pessoa está cumprindo a Regra de Ouro, aparentemente. Então, precisamos de algo com mais estrutura.

Kant começa distinguindo aquilo sobre o que ele quer falar daquilo que ele chama de "talentos do espírito", como compreensão, perspicácia ou juízo, e também das vantagens do temperamento, como coragem, perseverança ou mesmo benevolência. Ele também o distingue de dádivas da sorte, da felicidade e até de qualidades admiráveis, como a moderação. Nenhum deles é "bom em si". Pois todos eles podem ser mal utilizados. Nem mesmo a felicidade é admirável quando se trata da felicidade de um vilão. A benevolência pode nos desviar do caminho, permitindo que outras pessoas desfrutem do que não têm direito de desfrutar, por exemplo. E "o próprio sangue-frio de um canalha o torna não apenas muito mais perigoso, mas também imediatamente mais abominável aos nossos olhos do que o teríamos pensado em princípio".

A única coisa boa em si mesma, então, é a boa vontade. Mesmo que o agente com boa vontade se veja impedido "por singular adversidade do destino ou por avara dotação de uma natureza madrasta" de realmente fazer algo bom para o mundo, ainda assim, se tiver boa vontade, ele irá "refulgir como pedra preciosa dotada de brilho próprio".

Mas o que é boa vontade? Kant pensa em casos de pessoas fazendo coisas boas, coisas que talvez até sejam seu dever, mas não por um senso de dever, e, sim, por outras inclinações, como o interesse próprio, a vaidade ou até mesmo a benevolência. Um exemplo notável é o do comerciante que não cobra mais que o devido nem do freguês mais inexperiente, mas apenas porque não é de seu próprio interesse fazê-lo. Talvez ele calcule que seja mais provável que o freguês retorne, ou que sua venda se beneficie de uma boa reputação. O comerciante se comporta com honestidade, mas não por ter o sentimento correto de que deve fazê-lo. Aqui não há nenhuma pedra preciosa dotada de brilho próprio. Não se trata da boa vontade em ação. Mas, então, de que se trata?

A forma da resposta fica clara a partir desses exemplos. Boa vontade é alguém agindo a partir de determinado bom motivo. É alguém agindo por um senso de lei ou dever. "Dever é a necessidade de cumprir uma ação pelo respeito à lei." Somos capazes de representar leis de ação em nós mesmos, e uma boa vontade é aquela que age de acordo com essa representação. O cerne da moralidade, então, não está naquilo que fazemos, mas em nossos motivos para fazê-lo: "Quando se trata de valor moral, o que importa não são as ações exteriores que se veem, mas os princípios internos da ação, que não são vistos".

Até aqui, tudo muito bem. Kant parece estar louvando o agente consciencioso, o agente do princípio, da justiça, da retidão. A pessoa que, quando pensa "este é meu dever", tem em mente princípios fortes o bastante para não se desviar. Trata-se de uma psicologia admirável, sob alguns aspectos, embora possa causar muitos danos, uma vez que a consciência das pessoas também pode ser pervertida. Alguém talvez se pergunte por que a justiça, nesse sentido, está isenta das críticas feitas à benevolência e a todo o resto, segundo as quais pode ser uma Coisa Ruim.

Alguns escritores também nos lembram de que, em muitas situações da vida, a retidão não nos serve. Muitas vezes queremos que as pessoas ajam por amor ou gratidão, e não por dever. Bons pais levam os filhos a um entretenimento porque se alegram com a alegria das crianças; um pai ou mãe que passeia com os filhos por mero senso de dever está, nesse ponto, em falta. Um amante que beija por senso de dever está fadado a ser dispensado. Mas essa não é uma crítica fundamental a Kant. Ele pode prever – e de fato prevê – dimensões nas quais os pais, amantes ou benfeitores de bom coração ganham muitos pontos. Só que essas não são, para ele, as dimensões *morais*. A excelência moral só pode ser encontrada na força do senso de dever.

Existe uma dificuldade mais fundamental. A resposta de Kant parece exigir que certas coisas entrem *em primeiro lugar* na lista de tarefas. Não adianta nada dizer "agir por senso de dever" quando, diante da pergunta "qual é o meu dever?", a única resposta for "agir por senso de dever"!

Temos de romper o circuito em algum lugar, mas até agora não sabemos como. Então, como tudo isso vai nos aproximar dos fundamentos que Kant promete? Sua jogada é de tirar o fôlego, tanto na velocidade quanto no resultado:

> *Mas que lei pode ser esta, cuja representação, sem qualquer espécie de consideração pelo efeito que dela se espera, deve determinar a vontade, para que esta possa ser denominada boa absolutamente e sem restrição? Após ter despojado a vontade de todos os impulsos capazes de nela serem suscitados pela ideia dos resultados provenientes da observância de uma lei, nada mais resta do que a conformidade universal das ações a uma lei em geral que deva servir-lhe de princípio: noutros termos, devo portar-me sempre de modo que eu possa também querer que minha máxima se torne uma lei universal.*

Esse é o famoso Imperativo Categórico ou, mais precisamente, o Imperativo Categórico em sua primeira forma, a chamada Fórmula da Lei Universal. Kant depois a descreve de outras maneiras. Uma delas é: "Proceda como se a máxima de sua ação devesse se tornar, por sua vontade, uma *lei universal da natureza*" (a Fórmula da Lei da Natureza). Outra, provavelmente a mais influente, é: "Proceda de maneira a tratar a humanidade, tanto na sua pessoa quanto na pessoa de qualquer outro, sempre ao mesmo tempo como fim, nunca apenas como meio" (a Fórmula da Humanidade). Não está absolutamente claro que essas diferentes versões possam derivar uma da outra, mas Kant as considerava de alguma forma equivalentes.

A promessa é que tenhamos aqui tanto princípios morais bastante substanciais, ou versões do princípio único, quanto princípios que foram provados apenas pela razão. É difícil consertar essa última afirmação, mas a ideia talvez seja mais ou menos essa.

Como ilustra Hume, podemos supor que não existam Razões no campo da ética – apenas os desejos ou vontades de determinadas pessoas, não necessariamente compartilhadas ou respeitadas por quaisquer outras pessoas. Mas Kant responde que a própria natureza formal do Imperativo Categórico lhe confere uma autoridade universal. Você não pode desprezá-lo e defender seu princípio ao fazê-lo. Se você o desprezar, estará se declarando não Racional. Se isso estiver certo, temos o fundamento necessário: a ética vem apenas das Razões.

Infelizmente, quando se trata de aplicações do princípio, as coisas ficam um pouco mais complicadas. Os exemplos mais persuasivos do Imperativo Categórico no mundo real são casos em que existe alguma instituição cuja existência depende de uma atuação suficiente de um número suficiente de pessoas. Suponha, como é plausível, que nossa capacidade de fazer e cumprir promessas dependa da observância geral do princípio de cumprir promessas. Se as quebrássemos com bastante frequência ou se a quebra da promessa se tornasse uma "lei da natureza", nem haveria algo como fazer ou cumprir promessas, porque nenhuma palavra conseguiria ter a força necessária. Nesse ponto, Kant considera alguém cujo princípio de ação é: "Quando muito pressionado, faço uma promessa sem a menor intenção de cumpri-la". Então, diz Kant, eu poderia mentir, mas *não* poderia fazer a lei universal mentir, pois, de acordo com essa lei, não haveria promessas. Seria um tipo de contradição. Temos, portanto, uma Razão contra a promessa mentirosa.

Tudo muito bem. Mas considere uma pessoa que é contra todo esse negócio de fazer e cumprir promessas. O que a impede de tentar corroer a instituição por dentro, fazendo promessas falsas, com o objetivo de trair a confiança e romper a cooperação? É claro que uma pessoa agradável ou benevolente ou mesmo prudente não teria esse objetivo, mas se Kant recorrer a essas virtudes, a aparência puramente formal de sua teoria começará a desaparecer. Nós só temos uma razão contra a promessa mentirosa, não uma Razão.

Um exemplo que gosto de lembrar é a instituição dos cartões de crédito. Para garantir o lucro dos bancos emissores, ela depende de um número suficiente de pessoas que não pagam a fatura todos os meses. Então, é meio contraditório imaginar um mundo que tenha cartões de crédito mas onde todas as pessoas pagam a fatura todos os meses. Suponha que meu princípio seja: "Pague seu cartão só quando lhe der na telha". Será que posso universalizar esse princípio, desejando que ele governe as pessoas em geral? Surpreendentemente, talvez sim. Mesmo em um mundo onde as pessoas sempre tivessem condições de pagar suas faturas de cartão de crédito, poderia acontecer de elas só pagarem quando bem entendessem. Isso poderia se dar, desde que elas não o fizessem com frequência, por exemplo, porque, para a maioria das pessoas na maioria das vezes, o desejo de consumir é maior do que o desejo de economizar. Então, nas raras ocasiões em que alguém tivesse vontade de pagar o valor total da fatura do cartão de crédito, esse alguém poderia fazê-lo sem cair no Imperativo Categórico. De maneira similar, uma pessoa pode sempre adotar princípios do tipo "mentir / quebrar promessas / roubar / sonegar impostos sempre que a situação estiver grave", desde que a situação não fique muito grave com muita frequência. As instituições sobrevivem, assim como as possibilidades de abrir exceções.

Uma terceira limitação aparece se considerarmos a pessoa supramencionada, que aplica mal a Regra de Ouro, dizendo que não se importa de os outros se absterem de beneficiá-la, desde que possa ser dispensada de beneficiá-los. O único argumento de Kant para dizer que essa pessoa não passa no teste do Imperativo Categórico é que ela *pode* entrar em apuros nos quais precisará da ajuda dos outros. Mas isso evidentemente abre espaço para uma réplica totalmente humana: pode ser que essa pessoa nunca entre em apuros e, por isso, ela está disposta a correr o risco. Ela prefere que ninguém ajude mais ninguém, porque se dá ao luxo de apostar que continuará sempre autossuficiente.

Kant desce um pouco das alturas abstratas da versão da Fórmula da Lei Universal do Imperativo Categórico. Ele argumenta, com efeito, que a capacidade dos seres humanos de agir de acordo com o imperativo – pedra preciosa dotada de brilho próprio – é em si uma coisa de valor absoluto e incondicional. É verdade, pensa ele, que nunca podemos ter certeza de que estamos agindo apenas a partir do nosso senso de dever, uma vez que nossos motivos muitas vezes são confusos e estranhos a nós mesmos. Mas pelo menos podemos nos dedicar a tanto. Podemos nos distanciar de nossas vontades e desejos mundanos e nos dedicar a agir conforme exige o dever. Essa capacidade em si nos dá nossa distinção fundamental de respeito e respeito próprio. Temos orgulho de nosso raciocínio – de fato, sempre que oferecemos razões, estamos mostrando quanto respeitamos a razão em nós mesmos. Portanto, ela merece respeito onde quer que seja encontrada, isto é, dentro de todo e qualquer agente racional.

Esse argumento (ou algo parecido: os textos são bem densos) leva Kant à Fórmula da Humanidade: "Proceda de maneira a tratar a humanidade, tanto na sua pessoa quanto na pessoa de qualquer outro, sempre ao mesmo tempo como fim, nunca apenas como meio". É claro que não é fácil ver exatamente o que isso implica, mas a ideia geral de lembrar que devemos respeitar uns aos outros é obviamente cativante e talvez mais praticável do que lembrar que devemos amar uns aos outros. Se merecemos respeito tão somente por causa de nossa capacidade de fazer leis para nós mesmos, isso já é coisa muito menos certa. Talvez mereçamos respeito uns dos outros na medida em que somos semelhantes uns aos outros, de várias maneiras. As hostes que se lançam a escravizar um bando rival se esqueceram da humanidade compartilhada, a qual contém a capacidade compartilhada de amar e sofrer, de ter esperança e temer, de lembrar. As hostes *só não se esqueceram* de que as vítimas podem raciocinar de acordo com regras gerais.

Muitas pessoas pensam que Kant oferece a melhor tentativa possível para encontrar Razões e, portanto, para justificar a ética apenas com base na razão. Como muitas pessoas querem que essa tentativa seja bem-sucedida – e temem o que pode acontecer se ela não o for –, existem grandes indústrias intelectuais que tentam encontrar interpretações cada vez mais complicadas que a façam funcionar. Talvez esse esforço todo não sirva muito a Kant: ele era um grande democrata e acreditava que a necessidade do Imperativo Categórico era facilmente visível a qualquer criatura racional.

19. Contratos e discurso

Alguns escritores pensam que um descendente da abordagem de Kant, muitas vezes chamado de "contratualismo", nos fornece um fundamento poderoso para a ética, ou pelo menos para aquela grande parte da ética que diz respeito aos nossos direitos e deveres uns para com os outros. Uma fórmula que vem ocupando o centro dos trabalhos recentes é esta, do filósofo americano contemporâneo T. M. Scanlon:

> *um ato está errado se sua efetivação nessas circunstâncias for desautorizada por qualquer conjunto de princípios para a regulamentação geral do comportamento ao qual ninguém consiga opor uma rejeição razoável como base para um acordo geral embasado e não forçado.*

Assim como em Kant, existe uma preocupação com o universal e uma preocupação com a razão. Uma versão ligeiramente diferente aparece na "ética do discurso" do filósofo alemão contemporâneo Jürgen Habermas. Uma norma de conduta deve ser tal que:

> *todos os afetados podem aceitar as consequências e os efeitos colaterais que se pode antecipar que sua observância geral tenha para a satisfação dos interesses de todos (e preferem as consequências às possibilidades alternativas conhecidas).*

A formulação de Habermas é um pouco mais específica que a de Scanlon. E mantém um sabor utilitário: a conversa ou contrato imaginado ocorre entre agentes preocupados com a satisfação dos interesses de todos. Eles parecem ter em vista a maior felicidade do maior número de pessoas. Por outro lado, a primeira fórmula, a versão de Scanlon, não especifica o que constituiria uma "rejeição razoável". Suponha, por exemplo, que estejamos discutindo se devemos organizar nossa sociedade de acordo com princípios capitalistas ou princípios mais comunitários ou socialistas. Será que um participante terá permissão para rejeitar uma proposta alegando que ela gera grandes desigualdades de riqueza? Ou será que só terá permissão para expressar um leque restrito de razões – como o pensamento de que a proposta prejudicaria seus interesses pessoais? E, em ambos os casos, será que essas razões serão realmente Razões, como Kant pensava?

Essas questões sugerem um limite para a abordagem contratualista. Parece que os participantes dessas conversas precisam chegar com algum conjunto de valores já em mãos. Essas são as coisas que eles estão dispostos a oferecer e aceitar como razões. Se a conversa ocorrer entre pessoas que aceitam raciocínios tendenciosos de antemão, então é isso que resultará da conversa. Suponha, para tomarmos o exemplo usual, que essas pessoas acreditem que os interesses das mulheres sejam intrinsecamente menos importantes do que os interesses dos homens. E suponha que a cultura faça que as mulheres aceitem isso. Então, é claro que um conjunto de princípios provenientes do acordo "não forçado" não será igualitário nesse aspecto. Sendo assim, parece que precisamos colocar ideais igualitários, ideais de liberdade, ou algo que equivalha a um direito ou interesse legítimo, *dentro* da conversa em algum momento, para que possamos colocá-los para *fora* da conversa em algum outro momento. Também precisamos banir alguns outros tipos de valor, como a valoração assimétrica de homens e mulheres, ou uma fobia generalizada a pessoas de determinado tipo, ou uma concepção religiosa da primazia de certos modos de vida. Assim, surge o receio de que a conversa sobre o discurso e o contrato entre em curto-circuito, o que só disfarçaria a verdadeira fonte dos valores, a qual deve estar em outro lugar.

A proposta mais famosa desse tipo geral se deve a John Rawls, cujo extremamente influente *Uma teoria da justiça* domina esse ramo da filosofia moral e política desde que foi publicado, em 1971. Rawls aplica o dispositivo do contrato apenas à tarefa de encontrar princípios gerais de justiça para o ordenamento da sociedade e restringe cuidadosamente o leque de considerações que seus contratantes podem propor. Ele os imagina tendo de encontrar os princípios gerais por trás de um "véu de ignorância". Isso significa que eles não podem saber qual é o papel social que acabarão desempenhando. A ideia é que, se você não souber se será rico ou pobre, homem ou mulher, patrão ou trabalhador, você tenderá à adoção de princípios de justiça entre cada grupo. É como cortar um bolo e não saber com qual parte você vai ficar: um procedimento que impõe uma distribuição justa. Rawls, de fato, chama sua concepção de "justiça como equidade".

Seus contratantes tampouco estão autorizados a trazer valores específicos para a conversa. Mas podem tratar das coisas básicas com que praticamente todos os seres humanos se preocupam: segurança, proteção de posse, satisfação de necessidades básicas, garantia de respeito próprio. Rawls argumenta que, nessas circunstâncias, o que os contratantes podem ou devem acordar é, não por acaso, uma constituição que garante muitas liberdades. Mas é também uma ordem que regula a economia, embora sujeita à proteção dessas liberdades (você não teria permissão para trocar liberdade de expressão por mais riqueza, por exemplo). E regula a economia no interesse dos menos favorecidos. Não se trata de um estado de livre mercado, nem de um estado puramente igualitário ou comunista. Está mais próximo dos países social-democratas da Europa ocidental, com seus substanciais "pisos de bem-estar".

No entanto, é mais radical ("esquerdista") do que esses países, uma vez que os menos favorecidos podem reivindicar uma redistribuição adicional de recursos mesmo depois do estabelecimento de um piso social. E podem seguir reivindicando até o ponto em que suas demandas comecem a prejudicar a economia, fazendo que todo o bolo diminua, porque então as pessoas não teriam incentivos suficientes para trabalhar, piorando a situação dos que já estavam na pior. A prioridade da ordem social e econômica, em outras palavras, é maximizar o mínimo.

Por mais cativante que algumas pessoas possam considerar a perspectiva de Rawls sobre a sociedade, mais uma vez é questionável se a ideia de um contrato está funcionando aqui. É como se ele estivesse descrevendo o tipo de sociedade que certos tipos de pessoa prefeririam. Essas pessoas não são apegadas a uma visão específica sobre a vida boa, são apenas ciosas de suas liberdades e altamente "avessas ao risco". Isso significa que elas temem chegar ao fundo de uma ordem econômica desigual mais do que anseiam as recompensas de uma economia que permite que os ricos fiquem mais ricos, mesmo que trate os mais pobres de maneira pior. Talvez muitos de nós sejamos assim, embora existam muitas pessoas dispostas a arriscar liberdades em troca de vantagens econômicas ou segurança em troca de oportunidades. Uma vez mais, o aparato de um contrato parece estar em curto-circuito, e só nos restam as preferências e valores que já tínhamos em mãos antes de negociá-lo. São preferências civilizadas, prudentes, cativantes e até vastamente compartilhadas, mas não mais que isso.

No entanto, também há algo cativante na imagem da ética emergindo dos procedimentos necessários para se encontrar um ponto de vista comum. As conversas que estamos imaginando são tentativas cooperativas de encontrar soluções conjuntas para problemas comuns. A ambição é que possamos dar um fundamento processual à ética. Os princípios éticos são aqueles com que se concordaria em qualquer procedimento cooperativo razoável para se formar uma ideia da nossa conduta.

20. O ponto de vista comum

Geralmente, quando um grande filósofo como Kant se excede, ou parece fazê-lo, podemos esperar que algo verdadeiro esteja a caminho. De fato, algo verdadeiro já estava emergindo entre os filósofos da geração anterior a Kant.

Voltemos ao problema de dar e receber razões para ação ou para atitudes em geral. Trata-se de uma atividade que nos é necessária em sociedade. Mas essa atividade também parece exigir um pressuposto. O pressuposto é: o que proponho como uma razão, uma razão do meu ponto de vista, *pode* ser apreciado do *seu* ponto de vista. Se não fosse assim, a conversa sobre assuntos práticos pareceria reduzida a um lado dizendo "eu, eu, eu" e o outro dizendo o mesmo. Não haveria, portanto, a possibilidade de cada lado *compartilhar* um entendimento sobre a situação ou chegar a um *ponto de vista comum* sobre os fatores em virtude dos quais se deve fazer alguma coisa. Para alcançarmos a cooperação, precisamos abordar o problema em conjunto, para chegarmos a "uma mesma ideia" sobre a solução. Hume tocou nesse ponto ao dizer:

Quando um homem chama outro de seu inimigo, seu rival, seu antagonista, seu adversário, entende-se que ele está falando a linguagem do amor por si mesmo e expressando sentimentos que lhe são próprios e que decorrem de suas situações e circunstâncias particulares. Mas, quando atribui a qualquer outro os epítetos de corrupto, odioso ou depravado, já está falando outra linguagem e expressando sentimentos que ele espera que sejam compartilhados por todo o seu público. Ele deve, portanto, distanciar-se de sua situação privada e particular e adotar um ponto de vista comum a si e aos outros.

Nossas práticas de raciocínio exigem, portanto, que falemos essa "outra linguagem". Se espero que o mundo se junte a mim na condenação a alguém, não posso simplesmente dizer que esse alguém é meu inimigo. Tenho de engajar as paixões dos outros pintando-o como cruel, odioso ou depravado: em suma, abominável.

Felizmente, somos capazes de alcançar o ponto de vista comum aqui descrito. Se estamos discutindo qual carro escolher, podemos esperar padrões compartilhados a respeito do que queremos de um carro: conforto, confiabilidade, economia, potência e assim por diante. Se você apresentar uma razão para a escolha da qual não compartilho, podemos continuar estabelecendo padrões gerais para determinar se esse fator deve ser considerado uma boa razão. Não há nenhuma garantia de que chegaremos à mesma conclusão, claro, mas há uma garantia de que *poderemos* fazê-lo. E isso é suficiente para fazer da conversa uma opção racional, melhor do que a imposição de uma solução a todos, pela força ou pela violência.

Se pensarmos em ética dessa maneira, poderemos reter algo do espírito da discussão de Kant. Suponha que alguém nos tenha feito uma promessa que não tinha a intenção de cumprir. Podemos duvidar da ambição de Kant de demonstrar que essa pessoa seria não Racional, ou encontrar-se-ia em algum estado semelhante à autocontradição. Mas talvez possamos dizer mais. Talvez possamos dizer, pelo menos, que essa pessoa não pode esperar que o princípio de sua ação seja apreciado e consentido em qualquer conversa cooperativa projetada para trazer todas as partes a uma mesma ideia sobre o que ela fez. Essa pessoa só poderia esperar que aceitássemos sua ação se tivesse uma justificativa que nos convencesse, como a absoluta necessidade de fazer a promessa para o nosso próprio bem ou para o bem das pessoas com quem nos preocupamos. E, se ela não consegue defender seu princípio com esse tipo de conversa, então, mesmo que não seja totalmente não Racional (com a letra maiúscula), ela estará fora de cogitação. Ela deu as costas ao processo cooperativo de raciocinar com os outros. Não se preocupa com o ponto de vista comum. Podemos dizer que ela não demonstra respeito pelo nosso ponto de vista. E essa é uma maneira de ser irracional – talvez até mesmo não Racional.

Aqui também podemos nos alicerçar em nossas necessidades e naturezas sociais. Suponha que eu faça uma ação, em alguma circunstância, por alguma razão. Toda a atividade de apresentar a você minha razão de agir implica um tipo de esperança de que você entenderá minha razão como tendo sido *admissível*. Eu quero que você reconheça que tudo bem agir dessa maneira, nessa circunstância, por essa razão. Enquanto eu precisar desse reconhecimento, terei de buscar justificativas a partir do ponto de vista comum.

Mas talvez não nos importemos com a ideia comum. *Nós* podemos excluir *os outros*, racionalizando nossa exclusão em termos de ignorância ou outras formas de inferioridade da parte deles, de seus padrões perversos ou desejos medonhos. Podemos simplesmente impor nossas vontades, ou não nos importar com a possibilidade de estarmos obtendo a cooperação deles por engodo e manipulação. A abordagem processual, portanto, é bastante consistente com as dúvidas de Hume acerca da razão, como mostra sua própria maneira de abordar o ponto de vista comum. No fundo, existe uma paixão: uma preocupação de evitar a imposição e a manipulação, de conseguir rejeitar a acusação de que os interesses *deles* foram descartados, de encontrar apenas os padrões comuns que *nos* permitem olhá-*los* nos olhos. Talvez não sejam mais do que paixões e preocupações, mas, no fim das contas, são todas as paixões e preocupações que fazem a humanidade comum avançar.

Mas a questão dos fundamentos ainda está em aberto, pois um ponto de vista comum às vezes pode parecer um mito. Suponha que um piano tenha caído no seu pé e está machucando você. Do seu ponto de vista, a dor domina a situação e lhe dá motivos urgentes e suficientes para tirar o piano de cima do seu pé. Como posso compartilhar esse ponto de vista? Eu não consigo sentir a sua dor nem ser impulsionado a agir por causa dela. Do ponto de vista das pessoas que estão sofrendo ou são marginalizadas, a mais horrível hipocrisia talvez seja nossa fala tranquilizadora, dizendo, do seio do nosso conforto, que compartilhamos de seu ponto de vista. "Eu compartilho sua dor" é uma asneira sentimental de programa de auditório.

O que podemos fazer é pegar as razões dos outros e torná-las nossas. Não apenas conseguimos compreender a pessoa que aponta sua dor como razão para mover o piano que está machucando seu pé. Também podemos tomar sua dor como nossa motivação. Seu desconforto *pode* se tornar nosso desconforto – não no nosso pé, mas no desejo de alterar a situação em seu benefício. As pessoas boas se sentem muito desconfortáveis quando se veem na presença de alguém com dor e não conseguem fazer nada a respeito. Nesse caso, o que nos ativa é a empatia ou benevolência, e não qualquer tipo de regra processual sobre o discurso. Até que ponto internalizamos as dores e os problemas dos outros é algo contingente. Quando os outros nos são próximos, seja por laço de parentesco ou mesmo proximidade física, tendemos a ficar mais perturbados. Em tudo isso, parecemos ter a operação das paixões, e não a operação das Razões. Nesse sentido, os fundamentos das motivações morais não são as regras processuais sobre um tipo de discurso, mas os sentimentos aos quais podemos nos elevar. Como Confúcio viu há muito tempo, a benevolência e preocupação com a humanidade são a raiz indispensável de tudo.

21. Confiança restabelecida

Na Primeira Parte, enfrentamos o questionamento do relativista. Talvez não o tenhamos respondido muito bem. Não encontramos prescrições éticas confiáveis incorporadas à ordem das coisas. Nenhum deus escreveu no cosmos as leis do bom comportamento. A natureza não dá a mínima para o bem ou o mal, o certo ou o errado.

Na melhor das hipóteses – pelo menos foi o que argumentei –, temos essas preocupações. Nem todo princípio é hipocrisia. Não podemos deixar a ética para trás. Precisamos de padrões de comportamento aos nossos próprios olhos e precisamos de reconhecimento aos olhos dos outros. Então, nossa preocupação não é "responder" ao relativista com alguma artimanha intelectual ou metafísica. Nossa preocupação pode ser apenas responder a seu questionamento de dentro de um conjunto de padrões que defendemos.

De dentro do nosso entendimento próprio, podemos admitir que esses padrões são nossos – só nossos. Nós os legislamos para nós mesmos e também para os outros quando deles exigimos respeito, civilidade ou tolerância. Os padrões nos dão razões, não Razões. Mas esse entendimento do que fizemos não precisa ser corrosivo ou cético. Bem ao contrário, pode nos energizar para nos defendermos quando esses padrões são menosprezados e ameaçados. Se o entendimento próprio se desmascara, isso por si só é revelador do clima ético de uma época – nessa era pós-moderna, um clima de questionamento, perda de confiança, cinismo ou simples desprezo pela iniciativa de pensar a vida humana, exceto das maneiras mais superficiais.

Então, será que existe esse negócio de conhecimento moral? Existe progresso moral? Essas perguntas não encontram respostas na ciência, na religião, na metafísica e nem mesmo na lógica. Elas precisam ser respondidas de dentro de nossa própria perspectiva moral. Felizmente, existem inúmeras coisas pequenas e despretensiosas que sabemos com toda a certeza. A felicidade é preferível à miséria. A dignidade é melhor que a humilhação. É ruim que as pessoas sofram, e pior ainda que uma cultura feche os olhos para seu sofrimento. A morte é pior que a vida. Tentar encontrar um ponto de vista comum é melhor que ter um desprezo manipulador por ele.

A resposta para a questão do progresso, mais uma vez, é dada de dentro de valores que podemos empregar. O que não significa que a resposta deva ser "sim, existe o progresso que nos trouxe até aqui!". Esse triunfalismo não é incomum, mas não é imposto em termos lógicos. Podemos mudar nossos padrões, e a resposta não precisa ser um vibrante aval. Podemos temer que nossa própria atmosfera ética não seja apenas imperfeita aqui e ali, mas pior do que era antes. Podemos ouvir histórias de uma Era de Ouro, quando não existiam as coisas que reconhecemos em nós mesmos como falhas e defeituosas. Podemos admirar a ordem moral do confucionismo, a ênfase na harmonia com a natureza do taoísmo, a resignação dos estoicos e, assim, duvidar do progresso. Podemos nos crispar com a complacência, digamos, do pensamento europeu do século XIX, com sua presunçosa crença de que representava a marcha do progresso e da civilização para longe das formas primitivas e selvagens do resto do mundo. Podemos nos perguntar se é totalmente saudável a obsessão contemporânea por direitos, excluindo qualquer pensamento sobre as capacidades das pessoas com direitos. E, por certo, podemos ficar alertas a traços de complacência em nós mesmos.

Mas, se refletirmos sobre uma sensibilidade crescente ao meio ambiente, à diferença sexual, ao gênero, às pessoas diferentes de nós de inúmeras maneiras, podemos ver pequenos, frágeis, suados mas inegáveis motivos de orgulho. Se formos cuidadosos e maduros e imaginativos e justos e gentis e sortudos, o espelho moral em que nos olhamos talvez não venha a mostrar santos e santas. Mas também não mostrará monstros e monstras.

Apêndice

Declaração Universal dos Direitos Humanos das Nações Unidas

Preâmbulo

Considerando que o reconhecimento da dignidade inerente a todos os membros da família humana e de seus direitos iguais e inalienáveis é o fundamento da liberdade, da justiça e da paz no mundo,
Considerando que o desprezo e o desrespeito pelos direitos humanos resultaram em atos bárbaros que ultrajaram a consciência da Humanidade e que o advento de um mundo em que todos gozem de liberdade de palavra, de crença e da liberdade de viverem a salvo do temor e da necessidade foi proclamado como a mais alta aspiração do ser humano comum,
Considerando ser essencial que os direitos humanos sejam protegidos pelo império da lei, para que o ser humano não seja compelido, como último recurso, à rebelião contra a tirania e a opressão,

Considerando ser essencial promover o desenvolvimento de relações amistosas entre as nações,
Considerando que os povos das Nações Unidas reafirmaram, na Carta da ONU, sua fé nos direitos humanos fundamentais, na dignidade e no valor do ser humano e na igualdade de direitos entre homens e mulheres, e que decidiram promover o progresso social e melhores condições de vida em uma liberdade mais ampla,
Considerando que os Estados-Membros se comprometeram a promover, em cooperação com as Nações Unidas, o respeito universal aos direitos e liberdades humanas fundamentais e a observância desses direitos e liberdades,
Considerando que uma compreensão comum desses direitos e liberdades é da mais alta importância para o pleno cumprimento desse compromisso,

Agora portanto
A Assembleia Geral proclama
A presente Declaração Universal dos Direitos Humanos como o ideal comum a ser atingido por todos os povos e todas as nações, com o objetivo de que cada indivíduo e cada órgão da sociedade, tendo sempre em mente esta Declaração, se esforce, através do ensino e da educação, por promover o respeito a esses direitos e liberdades, e, pela adoção de medidas progressivas de caráter nacional e internacional, por assegurar o seu reconhecimento e a sua observância universal e efetiva, tanto

entre os povos dos próprios Estados-Membros quanto entre os povos dos territórios sob sua jurisdição.

Artigo I

Todos os seres humanos nascem livres e iguais em dignidade e direitos. São dotados de razão e consciência e devem agir em relação uns aos outros com espírito de fraternidade.

Artigo II

1 – Todo ser humano tem capacidade para gozar os direitos e as liberdades estabelecidos nesta Declaração, sem distinção de qualquer espécie, seja de raça, cor, sexo, idioma, religião, opinião política ou de outra natureza, origem nacional ou social, riqueza, nascimento, ou qualquer outra condição.
2 – Não será também feita nenhuma distinção fundada na condição política, jurídica ou internacional do país ou território a que pertença uma pessoa, quer se trate de um território independente, sob tutela, sem governo próprio, quer sujeito a qualquer outra limitação de soberania.

Artigo III

Todo ser humano tem direito à vida, à liberdade e à segurança pessoal.

Artigo IV

Ninguém será mantido em escravidão ou servidão; a escravidão e o tráfico de escravos serão proibidos em todas as suas formas.

Artigo V

Ninguém será submetido à tortura nem a tratamento ou castigo cruel, desumano ou degradante.

Artigo VI

Todo ser humano tem o direito de ser, em todos os lugares, reconhecido como pessoa perante a lei.

Artigo VII

Todos são iguais perante a lei e têm direito, sem qualquer distinção, a igual proteção da lei. Todos têm direito a igual proteção contra qualquer discriminação que viole a presente Declaração e contra qualquer incitamento a tal discriminação.

Artigo VIII

Todo ser humano tem direito a receber dos tribunais nacionais competentes remédio efetivo para os atos que violem os direitos fundamentais que lhe sejam reconhecidos pela constituição ou pela lei.

Artigo IX

Ninguém será arbitrariamente preso, detido ou exilado.

Artigo X

Todo ser humano tem direito, em plena igualdade, a uma justa e pública audiência por parte de um tribunal independente e imparcial, para decidir sobre seus direitos e deveres ou do fundamento de qualquer acusação criminal contra ele.

Artigo XI

1. Todo ser humano acusado de um ato delituoso tem o direito de ser presumido inocente até que a sua culpabilidade tenha sido provada de acordo com a lei, em julgamento público no qual lhe tenham sido asseguradas todas as garantias necessárias à sua defesa.
2. Ninguém poderá ser culpado por qualquer ação ou omissão que, no momento, não constituíam delito perante o direito nacional ou internacional. Também não será imposta pena mais forte do que aquela que, no momento da prática, era aplicável ao ato delituoso.

Artigo XII

Ninguém será sujeito à interferência em sua vida privada, em sua família, em seu lar ou em sua correspondência, nem a ataque à sua honra e reputação. Todo ser humano tem direito à proteção da lei contra tais interferências ou ataques.

Artigo XIII

1. Todo ser humano tem direito à liberdade de locomoção e residência dentro das fronteiras de cada Estado.
2. Todo ser humano tem o direito de deixar qualquer país, inclusive o próprio, e a este regressar.

Artigo XIV

1. Todo ser humano, vítima de perseguição, tem o direito de procurar e de gozar asilo em outros países.
2. Este direito não pode ser invocado em caso de perseguição legitimamente motivada por crimes de direito comum ou por atos contrários aos objetivos e princípios das Nações Unidas.

Artigo XV

1. Todo homem tem direito a uma nacionalidade.
2. Ninguém será arbitrariamente privado de sua nacionalidade, nem do direito de mudar de nacionalidade.

Artigo XVI

1. Os homens e mulheres de maior idade, sem qualquer restrição de raça, nacionalidade ou religião, têm o direito de contrair matrimônio e fundar uma família. Gozam de iguais direitos em relação ao casamento, sua duração e sua dissolução.
2. O casamento não será válido senão com o livre e pleno consentimento dos nubentes.
3. A família é o núcleo natural e fundamental da sociedade e tem direito à proteção da sociedade e do Estado.

Artigo XVII

1. Todo ser humano tem direito à propriedade, só ou em sociedade com outros.

2. Ninguém será arbitrariamente privado de sua propriedade.

Artigo XVIII

Todo ser humano tem direito à liberdade de pensamento, consciência e religião; este direito inclui a liberdade de mudar de religião ou crença e a liberdade de manifestar essa religião ou crença, pelo ensino, pela prática, pelo culto e pela observância, em público ou em particular.

Artigo XIX

Todo ser humano tem direito à liberdade de opinião e expressão; este direito inclui a liberdade de, sem interferência, ter opiniões e de procurar, receber e transmitir informações e ideias por quaisquer meios e independentemente de fronteiras.

Artigo XX

1. Todo ser humano tem direito à liberdade de reunião e associação pacífica.
2. Ninguém pode ser obrigado a fazer parte de uma associação.

Artigo XXI

1. Todo ser humano tem o direito de fazer parte do governo de seu país diretamente ou por intermédio de representantes livremente escolhidos.
2. Todo ser humano tem igual direito de acesso ao serviço público do seu país.

3. A vontade do povo será a base da autoridade do governo; esta vontade será expressa em eleições periódicas e legítimas, por sufrágio universal, por voto secreto ou processo equivalente que assegure a liberdade de voto.

Artigo XXII

Todo ser humano, como membro da sociedade, tem direito à segurança social, à realização pelo esforço nacional, pela cooperação internacional e de acordo com a organização e recursos de cada Estado, dos direitos econômicos, sociais e culturais indispensáveis à sua dignidade e ao livre desenvolvimento da sua personalidade.

Artigo XXIII

1. Todo ser humano tem direito ao trabalho, à livre escolha de emprego, a condições justas e favoráveis de trabalho e à proteção contra o desemprego.
2. Todo ser humano, sem qualquer distinção, tem direito a igual remuneração por igual trabalho.
3. Todo ser humano que trabalha tem direito a uma remuneração justa e satisfatória, que lhe assegure, assim como à sua família, uma existência compatível com a dignidade humana e a que se acrescentarão, se necessário, outros meios de proteção social.
4. Todo ser humano tem direito a organizar sindicatos e a neles ingressar para proteção de seus interesses.

Artigo XXIV

Todo ser humano tem direito a repouso e lazer, inclusive a limitação razoável das horas de trabalho e a férias remuneradas periódicas.

Artigo XXV

1. Todo ser humano tem direito a um padrão de vida capaz de assegurar-lhe, e a sua família, saúde e bem-estar, inclusive alimentação, vestuário, habitação, cuidados médicos e os serviços sociais indispensáveis, e direito à segurança em caso de desemprego, doença, invalidez, viuvez, velhice ou outros casos de perda dos meios de subsistência em circunstâncias fora de seu controle.
2. A maternidade e a infância têm direito a cuidados e assistência especiais. Todas as crianças, nascidas dentro ou fora do matrimônio, gozarão da mesma proteção social.

Artigo XXVI

1. Todo ser humano tem direito à instrução. A instrução será gratuita, pelo menos nos graus elementares e fundamentais. A instrução elementar será obrigatória. A instrução técnico-profissional será acessível a todos, bem como a instrução superior, esta baseada no mérito.
2. A instrução será orientada no sentido do pleno desenvolvimento da personalidade humana e do fortalecimento do respeito pelos direitos humanos e pelas liberdades fundamentais.

A instrução promoverá a compreensão, a tolerância e a amizade entre todas as nações e grupos raciais ou religiosos e coadjuvará as atividades das Nações Unidas em prol da manutenção da paz.
3. Os pais têm prioridade de direito na escolha do gênero de instrução que será ministrada a seus filhos.

Artigo XXVII

1. Todo ser humano tem o direito de participar livremente da vida cultural da comunidade, de fruir das artes e de participar do progresso científico e de seus benefícios.
2. Todo ser humano tem direito à proteção dos interesses morais e materiais decorrentes de qualquer produção científica, literária ou artística da qual seja autor.

Artigo XXVIII

Todo ser humano tem direito a uma ordem social e internacional em que os direitos e liberdades estabelecidos na presente Declaração possam ser plenamente realizados.

Artigo XXIX

1. Todo ser humano tem deveres para com a comunidade, na qual o livre e pleno desenvolvimento de sua personalidade é possível.
2. No exercício de seus direitos e liberdades, todo ser humano estará sujeito apenas às limitações determinadas pela lei, exclusivamente com o fim de assegurar o devido reconhecimento e

respeito dos direitos e liberdades de outrem e de satisfazer as justas exigências da moral, da ordem pública e do bem-estar de uma sociedade democrática.

3. Esses direitos e liberdades não podem, em hipótese alguma, ser exercidos contrariamente aos objetivos e princípios das Nações Unidas.

Artigo XXX

Nenhuma disposição da presente Declaração pode ser interpretada como o reconhecimento a qualquer Estado, grupo ou pessoa do direito de exercer qualquer atividade ou praticar qualquer ato destinado à destruição de quaisquer dos direitos e liberdades aqui estabelecidos.

Notas e leituras complementares

Introdução

11 – "Aos olhos de alguns pensadores..." – Em G. W. F. Hegel, *A fenomenologia do espírito*, a interação mencionada aqui é fortemente dramatizada como a chamada dialética do senhor e do escravo, na seção B, parte A, p. 111-119. O ponto essencial é que, se você não reconhecer o valor dos outros, o reconhecimento deles do seu valor, por sua vez, não terá sentido para você. O argumento é apresentado de maneira mais elegante por Groucho Marx: "Não gostaria de pertencer a nenhum clube que me aceitasse como sócio". Um tratamento mais sério se encontra em Charles Taylor, *As fontes do "self"*.

19 – Ao longo do livro, quando quero destacar um pensamento que separa os de dentro e os de fora, utilizo o itálico – é o contraste entre *nós* e *eles*. Mas quero que o itálico também desempenhe uma espécie de papel de distanciamento. Pois, em muitos contextos, colocar a questão em termos de um "nós" e um "eles" já é, por si só, problemático. Sugere divisão. E sugere também que cada lado é, de alguma forma, monolítico, diminuindo, assim, as

diferenças que existem dentro de cada grupo. Às vezes, precisamos ser céticos a respeito de toda e qualquer implicação.

Primeira Parte. Sete ameaças à ética

25 – "No cristianismo, os instintos..." – Friedrich Nietzsche, *O anticristo*, §21. Se quisermos uma versão menos filosófica da mesma queixa, o poema de Robert Burns "Holy Willie's Prayer" é uma dissecação maravilhosa da associação entre santidade e servilismo, autossatisfação e vingança na Igreja presbiteriana.
29 – "A natureza abençoada e imortal..." – Epicuro, "Principal Doctrines", §1, *The Extant Remains*, p. 95.
32 – "Tudo me leva a assegurar que..." – Heródoto, *The Histories*, vol. 3. 38, p. 185.
47 – "Esses métodos caseiros..." – Chamo esses métodos de caseiros, mas eles também fazem parte dos fundamentos do método científico. De acordo com a respeitável explicação de Mill, se você quer descobrir se uma coisa é responsável por outra, tente variar as circunstâncias e verifique se é possível separá-las. Se você conseguir, a reivindicação de responsabilidade causal não se sustentará. Esse é o método empregado aqui. Para declarações mais refinadas, consulte J. S. Mill, *Sistema de lógica dedutiva e indutiva*, livro III, cap. 8, "Dos quatro métodos de pesquisa experimental".
48 – "Popper perguntou como Adler sabia de tudo aquilo..." – Karl Popper, *Conjectures and Refutations*, p. 35.

48 – "O sociólogo Thorstein Veblen observou..." – Na verdade, a perspectiva de Veblen foi antecipada por Adam Smith (1723-1790), cuja opinião desabonadora sobre os motivos que alimentam os consumidores muitas vezes é esquecida pelos apóstolos do livre mercado que gostam de exaltar seu nome. Veja *The Theory of Moral Sentiments,* I. iii. 2. 1, p. 50. A ideia já aparece na tradição "sapiencial", inclusive em obras bíblicas como Eclesiastes.
50 – "Um homem que se arrisca a cair em ruína..." – Joseph Butler, *Fifteen Sermons,* Sermão XI, p. 168-169.
53 – Esta seção resume um desenvolvimento mais detalhado presente no meu livro *Ruling Passions.*
55 – "A confusão volta a atacar..." – A ciência política, baseada na teoria do "ator racional", poderia prever que jamais aconteceriam eventos como dar gorjeta ao garçom que você nunca mais vai ver. Também poderia prever que as pessoas jamais votariam, uma vez que o tempo e o esforço cobrados pelo votar excedem a expectativa de ganho ao fazê-lo. Isso ocorre porque a probabilidade de um voto fazer a diferença é mínima. Por sorte, as pessoas geralmente não se comportam como prevê a teoria.
59 – O próprio Dawkins inventou um termo para ideias que, como dizemos, "têm vida própria". Ele as chama de *Memes.* O *Meme* do gene/pessoa egoísta é particularmente virulento, apesar de ser repudiado por seus pais. Mais uma vez, há uma discussão mais longa e detalhada sobre esse tema em *Ruling Passions.*
60 – Dedico o capítulo 3 de *Pense* aos problemas gerais do livre arbítrio e do fatalismo.

60 – "Imagine uma ordem monástica particularmente ascética..." – Por outro lado, grande parte da energia cristã se dedicou a demonstrar que o desejo sexual era voluntário e, portanto, um motivo de culpa. Veja Michel Foucault, "The Battle for Chastity", em *Essential Works of Foucault*, 1954-1984, vol. I.
64 – "Dito em tom elevado e desdenhoso..." – Immanuel Kant, "On the Common Saying: That May Be Correct in Theory, but it is of No Use in Practice", *Practical Philosophy*, p. 280.

Leituras complementares

Dúvidas sobre ética em si são expressas em Nietzsche, *Além do bem e do mal*, e em muitas outras obras. Veja também John Mackie, *Ethics: Inventing Right and Wrong*, Bernard Williams, *Ethics and the Limits of Philosophy*, e Alasdair MacIntyre, *After Virtue*. O relativismo é tratado em G. Harman e J. J. Thomson, *Relativism and Moral Objectivity*, e David Wong, *Moral Relativity*. O tema do multiculturalismo e da ética universal é tratado em muitos artigos de *Women, Culture, and Development*, organizado por Martha Nussbaum e Jonathan Glover. A exigência da ética fica desconfortavelmente visível em obras como Peter Unger, *Living High e Letting Die*, e Shelly Kagan, *The Limits of Morality*. A natureza da sorte moral é explorada em Bernard Williams, *Moral Luck*. Na ficção, obras como *Senhor das moscas*, de William Golding, ou *Babel Tower*, de A. S. Byatt, dão exemplos sombrios do colapso moral em grupos isolados de uma cultura.

Segunda Parte. Algumas ideias éticas

76 – Sobre as mulheres desaparecidas, veja Amartya Sen, "Women's Survival as a Development Problem", *Bulletin of the American Academy of Arts and Sciences*, 43; e também "Missing Women", *British Medical Journal*, vol. 304 (1992), p. 587.
82 – "Para se adequarem às mudanças nos acontecimentos..." – Tucídides, *History of the Peloponnesian War*, livro 3, seção 82, p. 242.
82 – "Em um dos artigos mais famosos desse debate..." – Judith Jarvis Thomson, "A Defense of Abortion".
86 – "A morte não é nada para nós..." – Epicuro, "Principal Doctrines", II, *The Extant Remains*, p. 95.
86 – "Yonder all before us lie..." – Andrew Marvell, "To His Coy Mistress".
89 – "Como David Hume argumentou..." – Hume, *Diálogos sobre a religião natural*, seção x.
93 – "Não matarás, mas não precisarás..." – Arthur Hugh Clough, "The New Decalogue".
97 – "Gostaria de chamar sua atenção..." – P. G. Wodehouse, *The Mating Season*, p. 41; "Duvido, aliás...", p. 86. Marco Aurélio foi imperador romano de 161 até sua morte, em 180.
98 – "Vaidade das vaidades..." – Eclesiastes 1:2-3.
98 – "A rede fina e sutil de ideias abstratas..." – George Berkeley, *Tratado sobre os princípios do conhecimento humano*, Introdução, seção 20.

102 – "O ponto em que pareço diferir..." – F. P. Ramsey, *The Foundations of Mathematics*, p. 291. Dezessete pedras somam aproximadamente 108 quilos.
103 – "Como se fazer útil ou agradável..." – David Hume, *An Enquiry Concerning the Principles of Morals*, IX. 1, p. 270.
104 – "*Eudaimonia*..." – Aristóteles, *Nicomachean Ethics*, 1095a.
104 – "A maior felicidade para o maior número..." – Embora essa frase esteja associada a Jeremy Bentham, foi escrita pela primeira vez por Frances Hutcheson, em seu *Inquiry into the Origin of our Ideas of Beauty and Virtue*, iii. p. 8.
104 – "Mill argumentou que é o crítico que insinua..." – *O utilitarismo*, capítulo 2. Para as ideias de Bentham sobre o prazer, veja seu *Uma introdução aos princípios da moral e da legislação*, capítulo 4.
114 – "Que governante de cidade furtar-se-ia..." – David Hume, "Da obediência passiva", in *Ensaios morais, políticos e literários*.
121 – "Augusto estava ciente..." – Edward Gibbon, *Decline and Fall of the Roman Empire*, vol. I, p. 64.
125 – "Quem vai guardar os guardiões...? – Juvenal, *Satires*, vi. 347.
133 – "Qual tem sido o objeto..." – Jeremy Bentham, *Anarchical Fallacies*, citado por Waldron, *Nonsense upon Stilts*, p. 44.

Leituras complementares

Sobre o problema moral do aborto, veja *The Problem of Abortion*, organizado por Susan Dwyer e Joel Feinberg. Para mais informações sobre o desejo de morte, consulte Sigmund Freud, *O mal-estar na civilização* e muitos outros escritos. Sobre atitudes em relação à morte, consulte Thomas Nagel, *Mortal Questions*, ou Jay Rosenberg, *Thinking Clearly about Death*. Para uma história sobre o tema, veja Jonathan Dollimore, *Death, Desire and Loss*. Sobre diferentes concepções de felicidade, veja Julia Annas, *The Morality of Happiness*. A obra clássica do utilitarismo é John Stuart Mill, *O utilitarismo*. Sobre o utilitarismo "indireto", veja R. M. Hare, *Moral Thinking: Its Levels, Method, and Point*. Para uma história fascinante sobre os "direitos naturais", veja Jeremy Waldron, *Nonsense upon Stilts: Bentham, Burke and Marx on the Rights of Man*.

Terceira parte. Fundamentos

137 – "Não duvido de que, das proposições autoevidentes..." – John Locke, *An Essay Concerning Human Understanding*, IV. iii. 18, p. 549.
137 – "Não é contrário à razão..." – David Hume, *A Treatise of Human Nature*, II. iii. 3, p. 416.
139 – "A razão é e deve ser apenas a escrava das paixões..." – Hume, *Treatise*, II. iii. 3, p. 415.
140 – "O padrão etológico..." – Bernard Williams, *Ethics and the Limits of Philosophy*, p. 46.
146 – "O próprio sangue-frio de um canalha..." – Esta e as citações subsequentes estão em Immanuel Kant, *Groundwork of the Metaphysics of Morals*, p. 62

154 – "Um ato está errado..." – T. M. Scanlon, *What We Owe to Each Other*, p. 153.
160 – "Quando um homem..." – David Hume, *An Enquiry Concerning the Principles of Morals*, IX. 1, p. 272-273.

Leituras complementares

Sobre a abordagem de Kant à ética, veja Thomas Hill, *Dignity and Practical Reason in Kant's Moral Theory*. Sobre o aristotelismo e a ética da virtude, veja Alasdair MacIntyre, *After Virtue*, ou, mais positivamente, Rosalind Hursthouse, *On Virtue Ethics*. Sobre o contratualismo, veja Brian Skyrms, *The Evolution of the Social Contract*, David Gauthier, *Morals by Agreement*, e T. M. Scanlon, *What We Owe to Each Other*. Uma excelente coletânea de artigos sobre os fundamentos da ética é *The Blackwell Guide to Ethical Theory*, organizada por Hugh LaFollette.

Créditos das imagens

O autor e a editora agradecem a permissão para reproduzir as ilustrações neste volume.

1. *Zwei Männer, einander in höherer Stellung vermutend, begegnen sich*, Paul Klee, 1903. Água-forte, 12 x 23 cm. Paul Klee Stiftung, Kunstmuseum Bern. © DACS 2000.
2. *Accidental Napalm Attack, South Vietnam, 8 June 1972*, fotografia de Huynh Cong ("Nick") Ut/Associated Press.
3. "This is the wall, Foster...", cartum de Smilby, em *Punch*. © Punch Ltd.
4. *The Human Genetic Code, Deciphered*, cartum de Matt Davies. *The Journal News/Los Angeles Times* Syndicate.
5. "The Soul Exploring the Recesses of the Grave", de William Blake, em *The Grave: A Poem*, de Robert Blair, 1808. Reprodução e permissão pelo Fitzwilliam Museum, Cambridge.
6. "The Just Upright Man is Laughed to Scorn", de William Blake, em *Illustrations of the Book of Job*, 1825. Reprodução e permissão pelo Fitzwilliam Museum, Cambridge.
7. *What Is It that Makes Today's Homes So Different, So Appealing?*, de Richard Hamilton, 1956. © Richard Hamilton

2000. Todos os direitos reservados, DACS/Anthony d'Offay Gallery, Londres.
8. *The Cock Fight*, de William Hogarth. © The British Museum.
9. "Gardens of the Human Condition", cartum de Michael Leunig, *Melbourne Age*, 8 de outubro de 1988. Michael Leunig/*The Age*.
10. *La Liberté guidant le peuple*, 28 de julho de 1830, de Eugène Delacroix. Louvre, Paris. Foto © RMN/Hervé Lewandowski.
11. *Waving the Flag*, 1947-1948, de George Grosz (1893-1959). Aquarela sobre papel (63,5 × 45,7 cm). Coleção do Whitney Museum of American Art. © DACS 2000. Foto © 2000: Whitney Museum of American Art, Nova York.
12. "Si son de otro linaje", de Francisco de Goya, em *Los Desastres de la Guerra*, aproximadamente 1810. © The British Museum.

Referências bibliográficas

ANDERSON, Elizabeth. *Ethics and Economics*. Cambridge, Mass.: Harvard University Press, 1993.

ANNAS, Julia. *The Morality of Happiness*. Nova York: Oxford University Press, 1993.

ARISTÓTELES. *Nicomachean Ethics*. In: *The Works of Aristotle Translated into English*, vol. 9. Tradução de W. D. Ross. Oxford: Oxford University Press, 1925.

BENTHAM, Jeremy. *An Introduction to the Principles of Morals and Legislation*. Buffalo, NY: Prometheus Books, 1988. [ed. bras.: *Stuart Mill/Bentham*. São Paulo: Abril Cultural, 1984. (Col. Os Pensadores).]

BERKELEY, George. *A Treatise Concerning the Principles of Human Knowledge*. Indianapolis: Hackett, 1987. [ed. bras.: *Tratado sobre os princípios do conhecimento humano*. São Paulo: Abril Cultural, 1984.]

BLACKBURN, Simon. *Ruling Passions*. Oxford: Oxford University Press, 1998.

______. *Think*. Oxford: Oxford University Press, 1999.

BUTLER, Joseph. *Fifteen Sermons Preached at the Rolls Chapel*, ed. D. Matthews. Londres: Bell & Sons, 1953.

DAWKINS, Richard. *The Selfish Gene*. Oxford: Oxford University Press, 1976. [ed. bras.: *O gene egoísta*. São Paulo: Companhia das Letras, 2007.]

DOLLIMORE, Jonathan. *Death, Desire and Loss*. Londres: Penguin Books, 1998.

DWYER, Susan; Feinberg, Joel (Orgs.). *The Problem of Abortion*. Belmont, Calif.: Wadsworth, 1996.

EPICURO. *The Extant Remains*. Tradução de Cyril Bailey. Oxford: Oxford University Press, 1926.

FOUCAULT, Michel. *Essential Works of Foucault, 1954-1984*, vol. 1. Londres: Penguin Books, 2000.

FREUD, Sigmund. *Civilization and its Discontents*. Tradução de Joan Rivers. Londres: Hogarth Press, 1949. [ed. bras.: *O mal-estar na civilização*. São Paulo: Penguin & Companhia das Letras, 2011.]

GAUTHIER, David. *Morals by Agreement*. Oxford: Oxford University Press, 1986.

HARE, R. M. *Moral Thinking: Its Levels, Method, and Point*. Oxford: Oxford University Press, 1981.

HARMAN, G.; Thomson, J. J. *Moral Relativism and Moral Objectivity*. Cambridge, Mass.: Blackwell, 1996.

HEGEL, G. W. F. *The Phenomenology of Spirit*. Tradução de A. V. Miller. Oxford: Oxford University Press, 1967. [ed. bras.: *Fenomenologia do espírito*. 9.ed. Petrópolis: Vozes, 2014.]

HERÓDOTO. *The Histories*. Tradução de Robin Waterfield. Oxford: Oxford University Press, 1998. [ed. bras.: *História*. Rio de Janeiro: Nova Fronteira, 2019.]

HILL, Thomas. *Dignity and Practical Reason in Kant's Moral Theory*. Ithaca, NY: Cornell University Press, 1992.

HUME, David. *Dialogues Concerning Natural Religion*. Indianapolis: Hackett, 1980. [ed. bras.: *Diálogos sobre a religião natural*. Salvador: Edufba, 2016.]

______. *Enquiries Concerning Human Understanding and Concerning the Principles of Morals*, ed. L. A. Selby-Bigge. 3. ed. revisada por P. H. Nidditch. Oxford: Oxford University Press, 1975. [ed. bras.: *Investigações sobre o entendimento humano e sobre os princípios da moral*. São Paulo: Ed. Unesp, 2004.]

______. *Essays Moral, Political and Literary*, ed. Eugene Miller. Indianapolis: Liberty Classics, 1985. [ed. bras.: *Ensaios morais, políticos e literários*. Rio de Janeiro: Topbooks, 2004.]

______. *A Treatise of Human Nature*, ed. L. A. Selby-Bigge. Oxford: Oxford University Press, 1888. [ed. bras.: *Tratado da natureza humana*. 2.ed. São Paulo: Ed. Unesp, 2009.]

HURSTHOUSE, Rosalind. *On Virtue Ethics*. Oxford: Oxford University Press, 1999.

KAGAN, Shelly. *The Limits of Morality*. Oxford: Oxford University Press, 1989.

KANT, Immanuel. *Groundwork of the Metaphysics of Morals*. Tradução de J. J. Paton. Nova York: Harper & Row, 1964. [ed. port.: *Fundamentação da metafísica dos costumes*. Lisboa: Edições 70, 2009.]

_______. *Practical Philosophy*, ed. Mary Gregor. Cambridge: Cambridge University Press, 1996.

LAFOLLETTE, Hugh (Ed.). *The Blackwell Guide to Ethical Theory*. Oxford: Blackwell, 2000.

LOCKE, John. *An Essay Concerning Human Understanding*, ed. P. H. Nidditch. Oxford: Oxford University Press, 1975. [ed. bras.: *Ensaio acerca do entendimento humano*. São Paulo: Nova Cultural, 2000. (Coleção Os Pensadores)]

MACINTYRE, Alasdair. *After Virtue*. Londres: Duckworth, 1981. [ed. bras.: *Depois da virtude*. Bauru: Edusc, 2001.]

MACKIE, John. *Ethics: Inventing Right and Wrong*. Harmondsworth: Penguin Books, 1977.

MILL, John Stuart. *A System of Logic*. Nova York: Longmans, Green, 1936.

_______. *Utilitarianism*, ed. John Gray. Oxford: Oxford University Press, 1991. [ed. bras.: *A liberdade/Utilitarismo*. São Paulo: Martins Fontes, 2000.]

NAGEL, Thomas. *Mortal Questions*. Nova York: Cambridge University Press, 1979.

NIETZSCHE, Friedrich. *Basic Writings*. Tradução de Walter Kaufmann. Nova York: Random House, 1967.

NUSSBAUM, Martha; Glover, Jonathan (Eds.). *Women, Culture, and Development*. Nova York: Oxford University Press, 1995.

PLATÃO. *Euthyphro* e *Republic*. In: Hamilton, Edith; Cairns, Huntington (Eds.). *The Collected Dialogues*. Princeton, NJ: Princeton University Press, 1961.

POPPER, Karl. *Conjectures and Refutations*. Londres: Routledge & Kegan Paul, 1965. [ed. port.: *Conjeturas e refutações*. Lisboa: Edições 70, 2018.]

RAMSEY, F. P. *The Foundations of Mathematics*. Londres: Routledge & Kegan Paul, 1931.

RAWLS, John. *A Theory of Justice*. Cambridge, Mass.: Harvard University Press, 1971. [ed. bras.: *Uma teoria da justiça*. 4.ed. São Paulo: Martins Fontes, 2016.]

ROSENBERG, Jay. *Thinking Clearly about Death*. Indianapolis: Hackett, 1998.

SCANLON, T. M. *What We Owe to Each Other*. Cambridge, Mass.: Harvard University Press, 1998.

SEN, Amartya. Missing Women. *British Medical Journal*, vol. 304 (1992), p. 587.

______. Women's Survival as a Development Problem. *Bulletin of the American Academy of Arts and Sciences*, vol. 43.

SINGER, Peter. *Practical Ethics*. Cambridge: Cambridge University Press, 1993. [ed. bras.: *Ética prática*. 4.ed. São Paulo: Martins Fontes, 2018.]

SKYRMS, Brian. *The Evolution of the Social Contract*. Nova York: Cambridge University Press, 1996.

SMITH, Adam. *The Theory of Moral Sentiments*, ed. D. D. Raphael e A. L. Macfie. Oxford: Oxford University Press, 1976. [ed. bras.: *Teoria dos sentimentos morais*. São Paulo: WMF Martins Fontes, 2017.]

STOPPARD, Tom. *Jumpers*. Londres: Faber & Faber, 1972.

TAYLOR, Charles. *Sources of the Self*. Cambridge, Mass.: Harvard University Press, 1989. [ed. bras.: *As fontes do "self"*. 4.ed. São Paulo: Loyola, 1997.]

THOMSON, Judith Jarvis. A Defense of Abortion. *Philosophy and Public Affairs*, vol. 1 (1971), p. 47-66; reimpresso em *The Problem of Abortion*, ed. Susan Dwyer and Joel Feinberg. Belmont, Calif.: Wadsworth, 1997.

TUCÍDIDES. *History of the Peloponnesian War*. Tradução de Rex Warner. Londres: Penguin Books, 1954. [ed. bras.: *História da Guerra do Peloponeso*. 3.ed. São Paulo: WMF Martins Fontes, 2013.]

UNGER, Peter. *Living High and Letting Die*. Nova York: Oxford University Press, 1996.

VEBLEN, Thorstein. *The Theory of the Leisure Class*. Harmondsworth: Penguin Books, 1994. [ed. bras.: *A teoria da classe ociosa*. São Paulo: Nova Cultural, 1987. (Coleção Os Pensadores)]

WALDRON, Jeremy. *Nonsense upon Stilts: Bentham, Burke and Marx on the Rights of Man*. Londres: Methuen, 1987.

WILLIAMS, Bernard. *Ethics and the Limits of Philosophy*. Londres: Fontana, 1985.

______. *Moral Luck*. Cambridge: Cambridge University Press, 1981.

WODEHOUSE, P. G. *The Mating Season*. Harmondsworth: Penguin Books, 1961.

WONG, David. *Moral Relativity*. Berkeley: University of California Press, 1984.

Índice remissivo

SOBRE O LIVRO

Formato: 14 x 21 cm
Mancha: 24,6 x 38,4 paicas
Tipologia: Adobe Jenson Regular 13/17
Papel: Off-white 80 g/m² (miolo)
Cartão supremo 250 g/m² (capa)
1ª edição Editora Unesp: 2020

EQUIPE DE REALIZAÇÃO

Edição de texto
Giuliana Gramani (Copidesque)
Tulio Kawata (Revisão)

Capa
Marcelo Girard

Editoração eletrônica
Sergio Gzeschnik

Assistência editorial
Alberto Bononi

MUNDIALGRÁFICA
www.mundialgrafica.com.br